韓国と日本の建国神話

太陽の神と空の神

延 恩株

論創社

まえがき

本書は東アジア、特に韓国と日本の始祖・建国神話に見られる天神・日神信仰の比較研究である。

宗教学者、ミルチア・エリアーデ（Mircea Eliade）は、一九七六〜一九八三年に大著『世界宗教史』（*Histoire des Croyances et Idées Religieuses*, Ⅰ〜Ⅲ, Paris）を出版した。それは古今東西の宗教を網羅する記念碑的な研究成果の集成である。またエリアーデは一九六八年に『太陽と天空神 宗教学概論1』*Traité d'Histoire des Religions*, Paris）を出版し、その宗教研究をつらぬく「聖性顕現 hierophany」の概念を軸にして「天空神」の根本的な性格を明らかにした。それとともに「天空神」がどのように「太陽神」に変容するかも詳説している。

エリアーデの考察の射程は広く、東アジアや中央・北東アジアの宗教や神話にも及んでいる。たとえば彼はこの地域のシャーマニズムの本質についてもすぐれた理論を展開している。それによれば、シャーマンの型は「脱魂型」と「憑依型」に二分される。日本の場合「憑依型」が多いとされ、混合型もあるので、必ずしもエリアーデの型があてはまらないとする反論もある。また、たしかに彼自身、天空神と太陽神の純粋な型よりも両神の混合したかたちの崇拝や信仰の可能性を示唆してはいるものの、東アジアの天空神・太陽神の純粋な型とか、天空神の日神とのどのような混合型が存在するかについては詳細に語っていない。

本書の研究は、東アジア、とりわけ韓日の天空神と日神（本書では天神と日神と呼ぶ）に照準を絞って、古代の始祖・建国・王権神話に現れる両神の性格を究明することを目的としている。天神・日神の基礎概念はエリアーデの定義に従っている。韓日の神話を見ると、天神・日神が必ずしも判然と区別されていない事実がまず注目される。たとえば高句麗・百済の始祖王東明（朱蒙、他いくつかの呼び名がある）であるが、史書によって「天神の子」「日の子」、また「日月の子」というまちまちな表現が見られる。日本の神話の場合も同様で、神武天皇の一族が「天神」とも「日神」とも見なされている。微妙なケースではあるが、日本の建国神（皇祖神）とも見なされる、タカミムスヒ（タカミムスビまたは高木神ともいう）にも、天神・日神の両要素を見出しうるのである。

エリアーデは日神が王権神話で中心を占めるケースは、エジプトやマヤなどで、そんなに多くないと言う。しかし実情はかなり複雑であり、特に日本のアマテラスにしても、最初から皇祖神として日神であったのか、それとも天神が日神になったのかは一概に論ずることはできない。アマテラスが最初から日神だとしても、歴史的にどのような経緯をたどってそうなったのかは、伊勢地方の原初的な太陽崇拝や沖縄の太陽神「テダ（ティダ）」への信仰なども考察しなければならないであろう。本書では、可能な限り、多くの神話の載る韓日の史書や、民間信仰の研究書にあたって広く資料を分析する。

本書は今述べたことを中心に、韓日の始祖・建国・王権神話全体と、必要に応じて中国の史料や中央・北東アジアの史料にもあたって天空神と太陽神を比較考察する。

本書の特色をあえて述べれば、韓日の神話・伝説を歴史的・地理的にかなり密接に結びつけると思われた韓国側の「延烏郎・細烏女説話」と日本側の「天日矛渡来説話」を重視したことである。この説話は純粋な型の始祖神話でも王権神話でもないが、韓日をつなぐ接点に位置する。比較研究の恰好な説話にもかかわらず両国でこれまで総合的にあまり研究されてこなかった分野である。

韓日は一衣帯水の隣国同士であり、政治的・文化的交流は古来きわめて盛んであった。しかし不幸なことも数多く、誤解と対立も少なくなかった。今後、両国関係が相互理解を深めるためには、古代の歴史・宗教・文化の研究が不可欠と思われる。本書がその相互理解の一つとして役立つなら、これにまさる幸せはない。

著者

韓国と日本の建国神話——太陽の神と空の神　目次

まえがき　i

第一章　天神（天空神）と日神（太陽神）――M・エリアーデによる分析
1　空の聖性顕現《ヒエロファニー》としての天空神（天神）　3
2　東アジアの天空神（天神）　10
3　太陽の神格化・人格化としての太陽神（日神）　13

第二章　古代韓国の建国・王権神話に見る天神と日神
1　扶余・高句麗・百済――中国史書や韓国史書に見られる「朱蒙」神話　18
2　古朝鮮・韓国の史書『三国遺事』に見られる「壇君」神話　30
3　新羅――朴・昔・金の三氏の始祖神話　35
（1）朴氏の始祖神話――その日神的要素　35
（2）昔氏の始祖神話――箱舟漂流と脱解　39
（3）金氏の始祖神話――金の箱による降臨　42
4　伽倻の始祖神話――『三国遺事』の「駕洛国記」神話と『東国輿地勝覧』の伽倻山の女神「正見母主」神話　44
5　娑蘇神母の説話　49

（1）『三国史記』『三国遺事』に見られる娑蘇神母　49
（2）娑蘇神母の神話的ルーツとしての西王母　53
第三章　古代日本の建国神話に見る天神と日神
1　天孫降臨神話――「駕洛国記」神話との類似性　64
2　神武天皇の東征（東遷）神話――「日下」の戦いとニギハヤヒの日神的性格　69
3　八咫烏――ハンガリー建国神話や中国の文献に見られる鳥の先導　74
第四章　古代日本の民俗信仰における天神と日神
1　アマテラスと伊勢の日神信仰　82
（1）伊勢の太陽崇拝――猿田彦　83
（2）神島のゲーター祭　91
（3）大和朝廷による天照大神の祭祀と朝日郎征伐伝説　93
（4）『伊勢国風土記』逸文の伊勢津彦伝説　99
2　『おもろそうし』に見る琉球（沖縄）の日神「テダ（ティダ）」　103
3　タカミムスヒと対馬の日神信仰　108
（1）「顕宗紀」に現れた日神と月神――日神・月神の祖としてのタカミムスヒ　111

（2）対馬の阿麻氏留神社と高御魂神社の祭神　118

第五章　古代新羅の延烏郎・細烏女伝説と古代日本の天日矛伝説
1　延烏郎・細烏女伝説――『新羅殊異傳』に見える大内氏渡来伝説　122
2　「都祈野」と日神信仰　132
3　天日矛の出自――阿加流比売の日光感精神話、蔚山出身の製鉄集団　140
4　天日矛とその一族の伝説――記紀や他の古書に見る日矛の日神的要素　150
（1）日矛と天皇家の祭祀との結びつき　150
（2）タジマモリと「時じくの香の木の実」、『竹取物語』の「かぐや姫」伝説　154
（3）出石乙女伝説と丹塗矢伝説　161

第六章　日神的天神の源流――モンゴル系、ツングース系、トルコ系民族におけるテングリ（天神）信仰
1　日神的天神　166
2　獣〔狼〕祖神話と壇君神話　169
3　モンゴル神話の日神、アラン＝ゴア　173
4　韓国・日本の神話との共通性――先行研究による補説　181

注　191
参考文献　214
あとがき　232

第一章　天神（天空神）と日神（太陽神）——M・エリアーデによる分析

本書は、古代の韓国と日本の建国神話ないし王権神話に見られる、国家や民族の最高神・始祖神としての天神《てんしん》と日神の比較研究である。

ここでいう天神は「天空神」、日神は「太陽神」と同じ意味である。「天」「天帝」「皇天」などとも呼ばれる、元来は空を神格化した神が天神だが、東アジアの諸民族や国家では、天は日神との密接な関係において崇拝されてきたと思われる。

例えば、古代韓国の高句麗や百済の建国者である朱蒙は「天帝の子」とも「日子」とも記され、天神の子か日神の子かは中国や韓国の史書によってまちまちである。日本の初代天皇とされる神武天皇にしても、その祖先が「天神《あまつかみ》」なのか「日神」なのか明確ではない。

このように、同一視されがちな、天神と日神は本質的に異なる神概念である。ここではまず、M・エリアーデ（Mircea Eliade）の学説を援用して、「天神」と「日神」の基本的な概念を明確にしておきたい。そのあとで、韓国と日本の建国・王権神話を個々に考察して、現在まであまり注目されなかった天神・日神の要素を探り、最高神の特性を明らかにしたい。

1　空の聖性顕現《ヒエロファニー》としての天空神（天神）

M・エリアーデは、『太陽と天空神　宗教学概論1』（一九七四）において、私たちが見上げる空は単なる物理的な空ではなく、そこにヒエロファニー（hierophany、聖性顕現）が感じられるとき、天空神となるという。彼は次のように述べている。

天空的構造をもった神々の像を検討する前に、天空そのものの宗教的な意味の理解に努めよう。あえて神話的寓話化に訴えなくとも、天空は直接にその超越性、力、聖性を啓示する。空をただ眺めるだけで、それは未開人の意識に宗教経験を起させる、と、このように断言しても、それは必ずしも天空神を「自然崇拝」することにはならない。古代心性にとって、「自然」は単に「自然的」なだけであることはけっしてない。「空をただ眺めるだけ」という表現は、それを未開人と結びつけてみると、まったく別の意味をおびる。未開人は、われわれには想像するのもむずかしいような激しさで、日常的な奇蹟を受け入れようとまちかまえているのだ。このように眺めることは、啓示に等しい。天空はあるがままのものを啓示する。すなわち、無限、超越である。空はおよそ人が表象するものや、人の生活空間とは、すぐれて「まったく別のもの」である。空の超越性のシンボリズムは、ただその無限の高さを認識することだけから発生してくる、とさえいえよう。「いと高きもの」は当然、神の属性となる。人が近づきがたい上層、星座圏は、超越、絶対的実在、永続といった神々しい威光を獲得する。[1]

天空は超越性を、力を、不変性を、その存在そのものによって「象徴する」。天空が存在するのは、それが、高く、無限で、不変で、力強いからである。「高い」ということ、「高み」にあるという単純な事実が、「力強く」……そして聖性にみちあふれていること……に等しい。[2]

またエリアーデの考えによれば、天空神への信仰は古今東西の諸部族・民族に見られ、人類にとって天空神は最も普遍的で原初的な神である。そのために天空神は、王権と結びつくと国家の最高神ともなる。古代メソポタミアのシュメール人の神「アン（An）」、古代パレスチナの「エル（El）」、イスラエルの「ヤハウェ（YHWH）」、ギリシアの「ゼウス（Zeus）」、また中国の「天」、アルタイ語族の「テングリ（Tengri）」などがそれである。このうち東アジアや北東アジア関係のある「天」や「テングリ」について、エリアーデは同書で次のように述べている。

……このような、全世界的な王国、天上の主権者の地上における子または代理者、という概念は、中国人においてもみいだされる（同様にいくつかのポリネシア住民にもある）。中国の古い文献では、天の神は二つの名称をもっていた。すなわち、「天」T'ien（「天空」「天空神」）と、「上帝」Chang-Ti（「高貴な主」「天の主権者」）である。天は宇宙の秩序の調整者であり、九層の天の最高頂にすむ至高の主権者である。……皇帝は「天子」であって、天神の地上における代理者である。……この主権者は社会の安寧秩序だけでなく、大地の肥沃・宇宙の周期の正常な運行をも保証する。地震その他の災害・大異変が起ると、中国の主権者は自分の罪を告白し、浄罪の儀式に専念する。(3)

モンゴルの至上神の名はテングリ（tengli）である。これは「天」を意味する。(4)

……モンゴル人は天がすべてをみそなわす、と信じており、かれらが誓約をするときには「天よ知り給え」とか「天よ見給え」と宣言する。天の送る合図（彗星、旱魃など）の中に、かれらは神の啓示、命令を読みとる。創造者、見者、そして全知で、法の守護者である天空神は、宇宙の支配者である。とはいえ、この神は直接には治めないが、地上に政治機関が現れたときには、神は地上の代理者、カンたちをして統治せしめる。(5)

また『世界宗教史Ⅱ』第一六章「古代中国の宗教」において、エリアーデは「天」について以下のように述べている。

周王朝の初期の段階において、天空神である天や上帝は、擬人化された人格神の性格を有している。それは天の中心、大熊座に住まわっている。さまざまな文献にはその天空神的な構造が示されており、天や上帝はあらゆるものを見聞きして、観察することができ、千里眼ですべてを知って、その命令には絶対に誤りがない。天や上帝は、条約や契約を結ぶ際によびだされた。あとになると、全知全能の天は、孔子をはじめとするさまざまな学派の思想家や、道徳家や神学者によって崇拝されるようになった。けれども、彼らにとって天空神は宗教的な性格をしだいに失い、宇宙の秩序の原理、道徳的法則の根拠へと変化していく。至上神のこういった抽象化と合理化の過程は、宗教史において頻繁にみられる現象である。……しかし、天は王朝の守護者であり続ける。王は「天の息子」である……。(6)

エリアーデによれば、天空神は、天空の超越性・高貴性、永続性といったヒエロファニーにおいて私たちにとって神となり、ついには民族や国家の最高神になってゆく。むろん天空神は、人類の素朴な自然崇拝(ないしは自然の力へのおそれ)にも結びつく。その崇拝の対象は、天体の自然現象である、天空・日・月・星辰・大気(風)・雲・雨・虹等である。さらに天空神の属性は、今挙げた天体の自然現象に対する地上の現象、つまり大地・山・海・川・沼・火等とも関連して規定される。例えば、天空が日光・大気・雨等をとおして大地に働きかけるとき、そこに動物の生殖活動や植物の繁殖活動が生じる。それを抽象的に表現すれば、天空神の創造性という属性となるだろう。

エリアーデの学説によらなくとも、未開社会でも現代社会でさえも、天への崇拝や天の擬人化ないし人格化は一般に広く見られる現象である。しかしエリアーデが、天の超越性・絶対性・永続性等の属性と王権とが結びついていることを強調する点は重要である。本書のテーマは主としてこの王権との関係において天空神を考察することにある。

ただ、王権と天空神が結合して最高神の位置を占めた場合でも、エリアーデによれば、人びとの現実生活の変化とともに（例えば狩猟社会から農耕社会に移行したような場合）、天空神は人びとからしだいに忘れられる、「有閑神」ないし「ひまな神」（deus otiosus）になって、日常的な祭祀儀礼から姿を消すという。

天空の至高神はたえず信仰生活の周辺へとおしやられ、挙句の果ては忘却されてしまうのであり、かわりに優越した役割を果たすのは他の聖なる力であって、それはもっと人間に近く、人間の日常的経験に近づきやすく、もっと有用な力なのである。(7)

人間は天空の領域から発する危険に、直接脅かされるのでないかぎり、天空や至上神のことを思い出さない。それ以外の時は、人間の宗教心は日常的な必要に迫られて、発してくるのである。だから、礼拝や信心は、その日常的な必要を支配している力のほうにむいていく。ところがそういう事情にも拘らず天空の至高存在者の自律性、偉大さ、優越性は、いささかも揺るぎないことはいうまでもない。せいぜいそのことが示しているのは、「未開」人も、文明人も、いったんその至上神が必要でなくなれば、すぐに忘れてしまうこと、生活の厳しさは天上よりも地上のほうにどうしても眼をむかせること、そして天空の重要さをいいだすのは、死が天から人間を脅かしているときになってからだということである。(8)

エリアーデによれば、先に挙げた著名な天空神である、アン、エル、ヤハウェ、ゼウス、天、テングリのうちでも、ゼウスと天は、天空神として、「……なおその宗教的現実性を維持し、あるいはそれを強化して、依然として至上神としてみずからをあらわしている。それは万神殿において首尾よく最高権を維持できた神々……である」と述べている。(9)

しかしゼウス（ジュピターはゼウスのローマ名）や天は、地上の生活と完全に縁を切ったとは言えないとしても、エリアーデが純粋な意味で使用する天空神だとも言えないと思う。というのはエリアーデは「天空神」の「原初の性格」「自律性」「専門化」（または「進化」）といった随所で使われる用語によって、その至上神のほかの神への変容を説明しているからである。例えばゼウスについて、エリアーデはゼウスが原初の天空神だとは述べていない。原初の天空神は、ヘシオドスが『神統記』で描き出した天空神、ウラノスである。エリアーデは「その位置はゼウスに奪われてしまい、有史時代以前から、すでに礼拝から消滅してしまった」[10]という。ウラノスについて次のように述べている。

ギリシァでは、ウラノスがもっと明瞭に、自然神的性格を保存していた。つまりウラノスは天空である。ヘシオドスがウラノスを示すところによると、ウラノスは「愛を求めて」、夜を伴って近づいてきて、あらゆる方向に拡がって、大地を包みこむのである。この宇宙的聖婚は、天空の使命をあらわしている。しかし神話を別にすれば、ウラノスに関してわれわれに残っているものは何もない。一枚の画像さえもない。ウラノスへの礼拝がなされたとしても、それは他の神々、まず最初にゼウスによって奪われてしまった。ウラノスもまた、あの至高の天空神がたどる運命、すなわち徐々に現実の礼拝の枠外におしやられ、無数に侵害や、交代や、融合などを受け、ついには忘れられてしまっても、ヘシオドスの伝える神話には生き残っている。[11]

エリアーデは「天空神の『進化』する過程は、かなり複雑である」[12]としながらも、この進化ないし「発展」の、次の二つの類型を提示している。

（1）天空神↓世界の主↓絶対主権者（専制君主）↓法の守護者
（2）天空神↓創造者↓すぐれて男性↓大地母神の夫↓雨の分配者[13]

エリアーデは、このような二つの型にその純粋な状態で出会えることはなく、進化の道筋は並行ではなく相互に交叉しているという。例えば「主権者」は同時に「雨の分配者」でもありうるのである。[14]

今の類型（1）の典型的な例として、エリアーデは、インドのヴァルナやペルシャのアフラ・マズダと共に中国の「天」を挙げている。これは前述の「天」についての彼自身の説のとおりである。（2）の類型は多いとされ、まさにゼウスはこの典型である。これはゼウスに付けられたいくつもの称号から明白である。ゼウスは「静穏な、光り輝く空」としてだけ考えるべきでなく、ゼウスは「ヒエティオス Hyettios」（雨の多い）、「ウリオス Urios」（順風を送る者）、「アストラピオス Astrapios」（雷で撃つ者）、「ブロントン Bronton」（雷鳴をとどろかす者）などと呼ばれる。[15]これはゼウスと風・雨・豊饒との関連を示唆している。

2　東アジアの天空神（天神）

エリアーデの説く天空神（天神）は以上のような性格を有するが、次に東アジアの中国・韓国・

日本の天空神を概観してみよう。

古代中国の天への信仰は、始めから観念的で抽象的なものであったのではなく、素朴な、天空とその力の顕現への崇拝を意味した。甲骨文に見られる殷代の「帝」は、農業に不可欠な雨をはじめ、あらゆる自然現象を支配し、農作や凶作を左右した。人間の政治や社会にも関わり、帝や天の意志を体現する皇帝つまり天の子（天子）が国（天下）を統治した。天の意志、つまり天命にかなった政治を天子が行えば、天子による天の祭は受け入れられたが、天命を行わなければ天によって滅ぼされた。このように天は人格神化された天空神であり、たんなる自然神ではなかった。しかし中国の天はかなり早い時代から、その正式な祭儀は皇帝に独占され、一般の人びとはこれに直接関わらなかった。ただ、孔子の時代になると、天は人間に内在する道徳の原理や政治規範と見なされるようになっていく。むろん、民衆の間にも天への信仰は残っており、例えば儒家にはげしく対立した墨家は、天を超越的な神と見なし、天を宗教的にとらえて独自の兼愛（博愛）や非攻（非戦）の思想を形成していった。[16]

次に、韓国で一般に最高の神と見なされているのは、「ハヌル（하늘）＝（天）空」（敬称、「ハヌニム（하느님）」＝天空神）である。韓国人の天空神「ハヌニム」は、一般に超越的かつ至高神的な存在と信じられ、人間の運命などには直接的に関わらないとされている。またハヌニムは、祭りや信仰の対象となることもない。その意味でハヌニムは半ば「ひまな神」ではあるけれども、倫理上、宗教上のレベルでは人間に関与すると考えられている。たとえば危機に直面したときは

「ハヌニム・マプソサ」（하느님 맙소사＝天よ、とんでもないことです）と言うし、道徳に反すると「ハヌリ・ムソプタ」（하늘이 무섭다＝天を恐れる）と表現する。[17] また韓国のハヌニムは、ムーダン（巫堂、シャーマン）たちの祀る雑多な神々の中でしばしば最高神（漢字音読みで「天神《チョンシン》」）としての位置を占め、この点は日本の場合とはかなり異なる。

ちなみに、キリスト教の神の韓国語訳は「ハナニム」（하나님＝唯一神）である。[18] これはハナ（하나＝一つ）の敬称であり、古来のハヌニムと区別し、その唯一性を強調するために採用された訳語である。しかし内容的に、ハナニムはハヌニムとまったく無縁というわけではない、天空神としての唯一神をさす用語である。

日本の天空神は、王権と結びついたそれを探ると、『古事記』と『日本書紀』（以下、記紀と略称する）の神々から二神を選べるように思う。それは天之御中主神と高御産巣日神である。

天之御中主神は、『古事記』（以下、『記』と略称）の冒頭に出て来る最高神だが、その神名のように宇宙の中心にあって宇宙を主宰する天空神であることは自明である。この日本の原初の天空神と思われる神は、中国の天が移入された、きわめて抽象的な神であり、日本固有のものとは考えにくい。そうすると、高御産巣日神が天空神なのであろうか。これに答えるのは簡単ではない。高御産巣日神は、天照大神（これは太陽神である）と共に高天原から神々を司令する主宰神であり、時には天照大神のように皇祖神と呼ばれることもある。

高御産巣日神について現段階で言いうることは、まずこの神がエリアーデのいう純粋な意味での天空神ではないということである。しかしこの神は、その対偶神と考えられる神産巣日神と共にムスヒ（生成・繁殖）の神と見なされているし、また高木の神という別名も有し、さらに「天地鎔造」の神とも呼ばれている。ムスヒは植物（穀物）の生産、高木は天神が降りて来る一種の宇宙樹や依り代、また「天地鎔造」は一種の創造活動を、それぞれ象徴するので、前述の、純粋な天空神の「専門化」や「進化」の過程にある準天空神とでも言うべき存在と考えられる。

3　太陽の神格化・人格化としての太陽神（日神）

さて、次に太陽神（日神）に関するエリアーデの学説を見てみる。

まず太陽神は、天空神に対立する概念でも、それと対《つい》になっている概念でもないことを確認しておきたい。エリアーデの学説の重心は天空神に置かれていて、その圧倒的なヒエロファニーと比較すれば、太陽神は、風・雷・雨のような、あるいは月や星のような、天体の自然現象の神聖視以上のものではない。とはいえ王権と結びつく場合も、そうでない場合も、太陽の熱や光、またその自然界における万物の育成や維持の活動は、太陽崇拝や日神信仰の対象となっている。エリアーデは、「多くの場合、天空神にとってかわるのは、太陽神である。地上に豊饒を分配し、生命の保護者となるのは『太陽』である」[19]と述べている。また天空神が太陽神と「同化」したり「融合」したりする過程を、天空神の「太陽化」とも呼んでいる。そしてこれはアフリカでは割に頻繁に起る現象と考えている。[20]

さらに、アフリカのある系統に属する民族はすべて、「至高存在者」に「太陽」の名を与えていると述べ、次のようにいくつかの実例を挙げている。

時として、ムンシュ族の場合のように、太陽は至高存在者アウォンド Awondo の息子で、月はその娘である、とされていることもある。バ＝ロッェ族は太陽を、天空神ニアンベ Niambe の「すまい」とし、月をその妻であるとしている。そのほかにも、融合によって、天空神と太陽が同化してしまう例がみられる。たとえば、ルウイ族にとってニアンベは太陽であり、カヴィロンド族では、至高存在者崇拝に太陽がとってかわっている。カッフィ族も至高存在者をアボ Abo と呼ぶが、これは「父」と「太陽」とを同時に意味し、アボを太陽に合体させている。[21]

太陽神すなわち日神が王権に結びつくケースとしては、古代エジプト（ラー神）、古代バビロニア（マルドゥーク神）が有名である。エリアーデは、他の多くの学者たちと同様に、太陽崇拝的要素が世界各地に見られることを認めている。しかし彼は、太陽崇拝が「たとえばエジプトにおけるように、真に優越した地位を占める」、つまり王権のような強力な権力と結びつくのは、「エジプト、アジア、そして古代ヨーロッパ……ペルーとメキシコだけ」である、と述べている。[22]

エリアーデは太陽神を「地上の豊饒の分配者」「生命の保護者」と考えるが、地上の豊饒とは要するに、農業や植物の繁殖を意味する。それゆえ彼は、「こうした太陽的要素と植物的要素の合体は、最高主権者が、宇宙面でも、社会面でも『生命』を蓄積し、分配するうえに、非常な役割を果す、ということで明瞭に説明される。そういうわけで、天空神が漸次太陽化するのは、別の状況において、やはり天空神が大気と繁殖の神々に変貌するのと同じ侵蝕過程と照応している(23)」という。

本書の目的の一つは、以上のような天空神（天神）的要素と太陽神（日神）的要素を韓日（できれば中国や中央アジアも含めて）の建国・王権神話から析出して比較考察することにある。また天神から日神への「進化」「同化」「融合」「変貌」過程が、韓日の神話にも見られるのかどうかも考察する。

なお、天神と日神の概念規定が、エリアーデの学説の以上の考察によってすべてなされたとは思えない。他の問題が生じたときは、そのつど個々に対処してゆこうと思う。しかし以下、本書で天・天神・天空神、あるいは日神・太陽神と呼ぶのは、若干のニュアンスのちがいはあっても、基本的にはエリアーデが使用する意味においてである。（「天神」に関して、菅原道真の霊を祀る信仰である、いわゆる「天神《てんじん》」信仰や、韓国のムーダンの祀る最高神である「天神《チョンシン》」と区別するために、本書での天神は「てんしん」と読むことにする。）

第二章　古代韓国の建国・王権神話に見る天神と日神

ここでは古代韓国における建国神話または王権神話の史料を国ごとに取り上げて分析し、そこから最高神である天神や日神の特性を明らかにしたい。

1　扶余・高句麗・百済――中国史書や韓国史書に見られる「朱蒙」神話

中国の正史には、韓国の古代国家の形成過程が時代ごとに記録されている。その中で、高句麗は扶余の一部と見なされ、書かれている内容も多くが重複している。このことは韓国の史書である『三国史記』（一二世紀）や『三国遺事』（一三世紀）においても同様である。高句麗の建国の始祖は東明《トンミョン》または朱蒙《チュモン》であり、百済の始祖は温祚《オンジョ》だが、温祚は東明の子とされる。ゆえに百済の王室と王族は高句麗と同じ扶余系であり、同じ始祖神話を共有している。高句麗の種族全体はツングース系の貊《はく》族の一部と言われ、百済の民衆は馬韓人であるが、民衆の神話は伝わっていない。

したがってまず、扶余・高句麗・百済の建国または王権神話を、中国の正史『三国志魏志東夷傳』(1)「夫餘」の原文を見ることにする。なお訳文と訳文中の傍線は筆者による。

魏略曰舊志又言、昔北方有槀離之國者、其王者侍婢有身、王欲殺之、婢言、有氣如鶏子来下、我故有身、後生子王捐之於溷中、猪以喙嘘之徙至馬閑、馬以氣嘘之、不死、王疑以爲天子也、乃令其母收畜之、名曰東明、常令牧馬東明善射、王恐奪其國也、欲殺之、東明走南至施掩水以弓撃水、魚鼈浮爲橋、東明得度、魚鼈乃解散、追兵不得渡、東明因都王夫餘之地(2)

魏略(3)によると、旧志では次のような伝えがあると言う。昔、北方に高離《こうり》という国があった。その王は、侍女が身ごもったので殺そうとした。侍女が言うには、「鶏の卵のような気が私に下ってきて身ごもりました」と。やがて侍女は子を生んだが、王はその子を豚小屋の中に捨てた。しかし豚は口さきで息をふきかけた。それで今度は馬小屋に移し置いたが、馬はこの子に息をふきかけたので、子は死ななかった。王は不思議に思い、もしかしてこの子は天子ではなかろうかと考えて、子の母にひきとらせて養わせた。名は東明である。東明は常に馬を飼わせられたが、弓を射ることが巧みであった。そのため王は、自分の国を奪われると恐れ、殺してしまおうとした。それで東明は逃走した。南の施掩《しえん》水に到ったとき、弓で水を撃つと、魚や鼈（すっぽん）が浮かび上り、橋をつくってくれた。東明が無事に渡りおえると、魚や鼈は解散した。追いかけて来た兵たちは、渡ることができなかった。東明は扶餘の地に都を建て王となった。

これが扶余の建国神話であるが、重要点は次の六点である。

一　王の侍女が身ごもったので、王は侍女を殺そうとした。
二　鶏の卵のような気が侍女に下って身ごもり、子を生んだ。
三　王はその子は天子ではないだろうか、と疑った。
四　子の名は東明であり、弓を射ることが巧みであった。
五　南の施掩水で、弓で水を撃くと、魚や鼈（すっぽん）が浮かび上り橋をつくった。
六　東明は扶餘の地に都を建て王となった。

次に高句麗の始祖神話を見てみよう。高句麗が中国の正史に最初に現れる『魏書』「高句麗傳」と、韓国の史書『三国史記』『三国遺事』の原文を紹介する。ここでは傍線を引いてある、『三国志魏志東夷傳』の「夫餘」と異なるところだけを、原文の後に要約して列挙する。なお、『魏書』(4)は、鮮卑族の建てた北魏の史書である。

高句麗者　出於夫餘　自言先祖朱蒙　朱蒙母河伯女　爲夫餘王　閉於室中　爲日所照　引身避之　日影又逐　既而孕生　一卵大如五升　夫餘王棄之與犬　犬不食棄之與豕　豕又不食棄之於路　牛馬避之　後棄之野　衆鳥以毛茹之　夫餘王割剖之　不能破遂還其母　其母以物裹之置於暖處　有一男破殼而出　及其長也　字之曰朱蒙　其俗言朱蒙者善射也　夫餘人以朱蒙非人所生將有異志請除之……（中略）……夫餘之臣又謀殺之　朱蒙母陰知告朱蒙曰　國將

害汝　以汝才略宜遠四方　朱蒙乃與烏引　烏違等二人　棄夫餘東南走　中道遇一大水　欲濟無梁　夫餘人追之甚急　朱蒙告水曰　我是日子　河伯外孫　今日逃走　追兵垂及　如何得濟於是魚鼈並浮爲之成稿　朱蒙得渡　魚鼈乃解　追騎不得渡……（中略）……與朱蒙至紇竹骨城遂居焉　號曰高句麗　因以爲氏焉

（『魏書』「高句麗傳」）(5)

始祖東明聖王　姓高氏　諱朱蒙　一伝鄒一云象解　先是　扶餘王解夫婁　老無子　祭山川求嗣　其所御馬至鯤淵　見大石相對流涙　王怪之使人轉其石　有小見　金色蛙形　蛙一作蝸王喜曰　此乃天賚我令胤乎　乃収而養之　名曰金色蛙　及其長立爲太子　後其相阿蘭弗曰日者天降我曰　將使吾子孫　立國於此　汝其避之　東海之濱有地　號曰迦葉原　土壤膏腴宜五穀　可都也　阿蘭弗遂勸王　移都於彼　國號東扶餘　其舊都有人　不知所從來　自稱天帝子解慕漱　來都焉　及解夫婁薨　金蛙嗣位　於是時　得女子於太白山南優渤水　問之曰　我是河伯之女　名柳花　與諸弟出游　時有一男子　自言天帝子解慕漱　誘我於熊心山下　鴨淥邊室中私之　即往不返　父母責我無媒而從人　遂謫居優渤水　金蛙異之　幽閉於室中　爲日所炤　引身避之　日影又逐而炤之　因而有孕　生一卵　大如五升許　王棄之與犬豕　皆不食又棄之路中　牛馬避之　鳥覆翼之　王欲剖之　不能破　遂還其母　以物裹之　置於日炙處有一男兒　破殼而出　骨表英奇　年甫七歳　嶷然異常　自作弓矢射之　百發百中　扶餘俗語善射為朱蒙　故以名伝　金蛙有七子　常與非人所生　其爲人也勇……（中略）……王子及諸

巨　又謀殺之　朱蒙母陰知之　告曰　國人將害汝　以汝才略　何往而不可　與其遲留而受辱　不若遠適以有爲……（中略）……行至淹淲水　一名蓋斯水　在今鴨綠東北　欲渡無梁　恐爲追兵所迫　告水曰　我是天帝子　河伯外孫　今日逃走　追者垂及如何　於是　魚鼈浮出成橋　朱蒙得渡　魚鼈乃解　追騎不得渡……（中略）……沸流水上居之　國號高句麗　因以高爲氏　……（中略）……王升遐時年四十歳　葬龍山　號東明聖王

（『三国史記』「高句麗本紀」巻第十三）

高句麗　卽卒本扶餘也　或云今和州　又成州等　皆誤　卒本州在遼東界國史高麗本記云　始祖東明聖帝　始高氏　諱朱蒙　先是　北扶既餘王解夫婁避地于東扶餘　及夫婁薨　金蛙嗣位　于時得一女子於太伯山南優渤水問之　云我是河伯之女　名柳花　與諸弟出遊　時有一男子　自言天帝子解慕漱　誘我於熊神山下鴨邊室中私之　而往不返　壇君記云　君與西河河伯之女要親　有産子　名曰夫婁　今按此記　則解慕漱私河伯之女　而後産朱蒙　壇君記云　産子名曰夫婁　夫婁與朱蒙異母兄弟也　父母責我無媒而從人　遂謫居于此　金蛙異之　幽閉於室中　爲日光所照　引身避之　日影又逐而照之　因而有孕　生一卵　大五升許　王弃之興犬猪　皆不食　又棄之路　牛馬避之　棄之野　鳥獸覆之　王欲剖之　而不能破破　乃還其母　母以物裹之　置於暖處　有一兒破殼而出　骨表英奇　年甫七歳　岐嶷異常　自作弓矢　百發百中　國俗謂善射爲朱蒙　故以名焉　金蛙有七子　常與朱蒙遊戲　技能莫及　長子帶素言於王曰　朱

蒙非人所生　若不早圖　恐有後患……（中略）……王之諸子與諸臣將謀害之　蒙母知之　告曰　國人將害汝　以汝才略　何往不可　宜速圖之於時蒙與烏伊等三人爲友　行至淹水　今未詳　告水曰　我是天帝子　河伯孫　今日逃遁　追者垂及　奈何　於是魚鼈成橋　得渡而橋解　追騎不得渡至卒本州　玄菟郡之界　塚都焉　未遑作宮室　但結廬於沸流水上居之　國號高句麗　因以高爲氏　本姓解也　今自言是天帝子承日光而生　故　自以高爲氏　時年十二歳　漢孝元帝建昭二年甲申歳　高麗全盛　（『三国遺事』「紀異篇」高句麗条）

一　高句麗の始祖は朱蒙《チュモン》である。
二　朱蒙の母は河伯（河の神）の娘で、名を柳花という。
三　自ら天帝の息子だという、解慕漱が柳花と出会う。
四　柳花は太陽の光（日光）に照らされたので、身を退いて逃れようとしたが、太陽の光はどんどん彼女を追いかけてきた。やがて懐妊して一つの卵を生んだ。
五　殻を破って一人の男児が生まれ出た。成長したとき朱蒙と呼ばれた。扶余の俗言では朱蒙とは弓の名人を意味する。
六　朱蒙は河の神に告げて、「わたしは天帝の子（『魏書』では「日子」）、河伯の外孫である」と名乗った。
七　朱蒙は沸流水のほとりに都を建て、高句麗と号した。

八　死後、王号を東明〔聖王〕とした。

前述のように、百済は扶余族によって建てられたので、百済の始祖神話は扶余・高句麗のものとほぼ同じである。百済を建国した王は温祚であるが、始祖とは見なされずに、始祖は東明王すなわち朱蒙と見なされている。なぜなら温祚は朱蒙の息子（末子）として、神話の内容が続いているからである。

さて、この建国神話から本書の主題である天神や日神の性格を分析してみよう。まず王号の「東明」であるが、これは文字どおり「東の明るさ」ないし「東が明るい」ということである。これが朝日を意味することは明白であろう。

『三国遺事』「王暦篇」高句麗の段では、東明（朱蒙）の姓を「高」氏と言ったうえで、「紀異篇」高句麗条では「本姓解也」とも述べている。

実際に、高句麗第五代の慕本王（在位、四八～五三）以前の王の諱《いみな》の姓はすべて「高」ではなく「解」である。東明の父親の名「解慕漱」の「解」がその姓と考えられる。「解」は韓国語の音で「へ」（해）であるが、「へ」は太陽を意味する語である。したがってその子の東明は「日の子」だったのである。(6) 朱蒙は、今見たように『三国史記』と『三国遺事』では「天帝の子」となっているが、『魏書』「高句麗傳」では「日子」、『隋書』「高麗傳《ママ》」では「日之子」、『北史東夷傳』「高句麗」では「日子」となっている。

次に「朱蒙」という名であるが、「象解」「中牟」「牟頭」という別名も見られる。そのほかに『三国遺事』「王暦篇」では「鄒蒙」、『三国史記』「百済本紀」では「鄒牟」と記されている。一九三五年一〇月に、中国の吉林省輯安県不羊魚頭で発見された牟頭婁の墓誌[7]（五C）には、「河泊之孫　日月之子鄒牟聖王元出北夫餘」とある（傍線は筆者）。また日本では、「仲牟」（『日本書紀』「天智天皇」条）、「都慕」（『続日本紀』「桓武天皇」条）と表記されている。金思燁によれば、これらはいずれも「神」「王」を表わす古語から音転したものである。[8]

扶余の俗語で弓の名人「善射者」を「朱蒙」と言ったが、近世満洲語にも「北史、朱蒙者、其俗語善射也、按今満洲語、称善射者」のように同系統の語が見えるとされる。[9]

ところで、古代中国に有名な「羿《げい》」の射日神話がある。前漢代初期の『山海経』「海内経」には、弓の名手としての羿の活躍が記されている。前漢代の劉安（前一七九～前一二二）らが著したとされる『淮南子』「本経訓」には「十日説話」が出てくる。堯《ぎょう》の世に、十日すなわち十個の太陽が並び出て、穀物を焼き、草木を枯らせ、民に危害を加えた。そこで、堯は羿に命じて十日を射落とさせた、という話である。この話はさまざまに変容して、九日に命中したというものや、堯自身が射落としたというものもある。また、戦国時代末期の屈原（前三三九～前二七八？）が前漢代の『楚辞』所収の「天問」で「（弓の名手の）羿はなぜ太陽を射たのだろうか、そのとき、烏はなぜ羽を落としたのだろうか（羿焉《なん》ぞ日を彃《い》たる。烏焉ぞ羽を解きたる）」とうたい、「天帝は夷羿をこの世に降らせて、夏の民の憂いを革めさせたのに、羿はどうしてあの河伯（黄河の神）を

【古代韓国の地図】

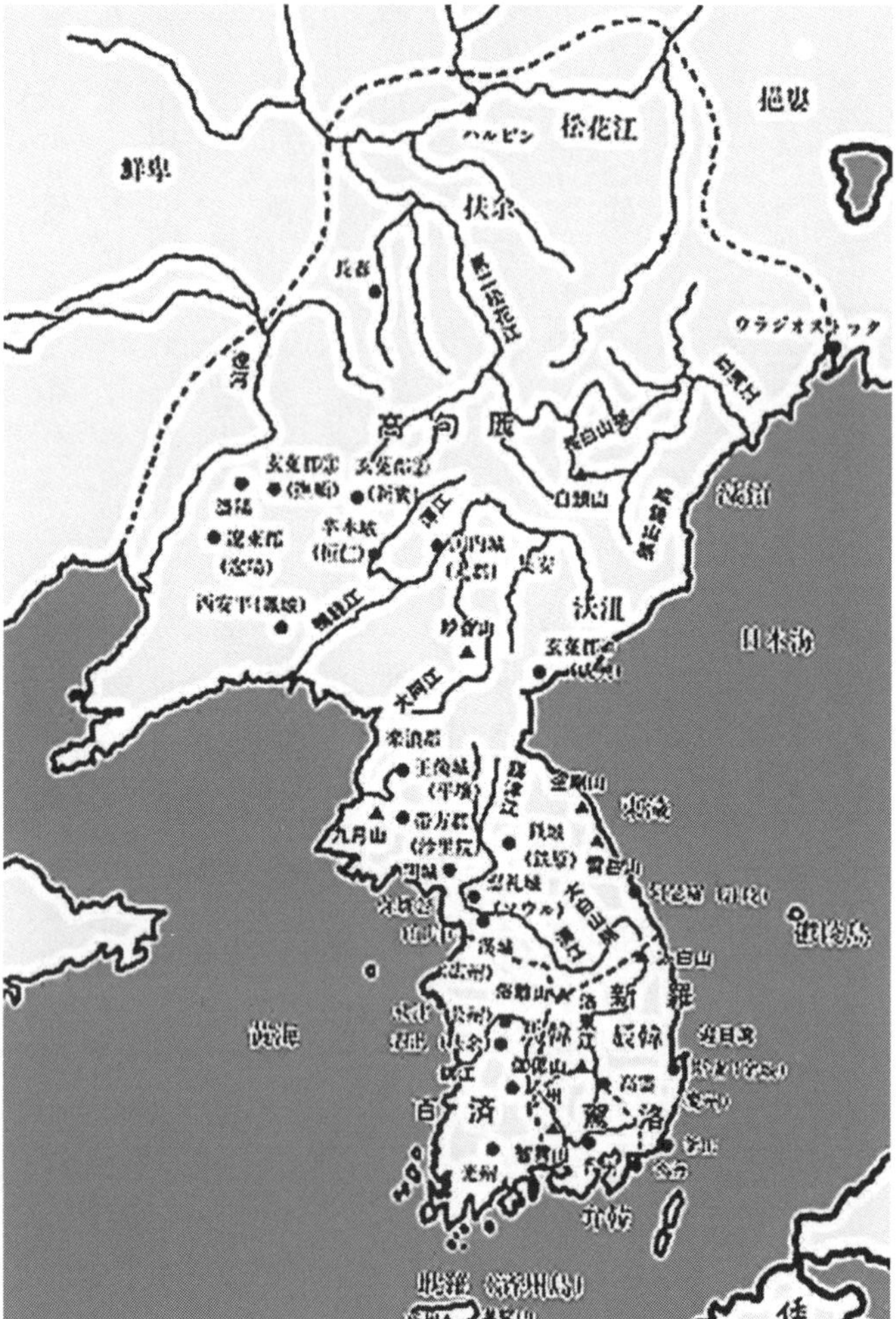

〈依田千百子著『朝鮮神話伝承の研究』(瑠璃書房、1991 年)より転載〉

射て、雒嬪《らくひん》（洛水の女神）を妻にしたのだろうか[10]」とも詠じている。

これらの羿の射日神話を、白川静は『中国の神話』で次のように解釈する。すなわち、中国の古代文化は、東方の夷と西方の夏の対立としてとらえると、羿が夷系の有力な部族として夏系と対立し、河神の祭祀権をめぐって争ったことを示すのではないか、と[11]。白川は、この神話が扶余や高句麗や百済の神話に直接関係するとは言い難いとしながらも、「部族の最高神であった弓の名人羿はのち東北に去った朱蒙ではなかろうか[12]」とほのめかしている。そうだとすると、ここでも朱蒙神話は何らかの意味で太陽神と関連していると言うことができるだろう。

次の問題は始祖神話の中に出てくる「卵」である。卵から始祖が誕生する卵生神話は、アジアに広く分布している。朱蒙神話に見えるのは、太陽（日光）が女を妊娠させ鶏の卵のような御子が誕生する説話である。この神話には卵生要素ばかりでなく、日光感精的要素の付加も見られるのが特徴である。

卵生要素は古代中国の始祖神話にも見ることができる。殷の始祖の契や、秦の始祖の大業は、その母が「玄鳥の卵」を呑んで生まれたとされている。また感精要素も中国神話に現れる。たとえば、周の始祖の后稷は、その母が「巨人の足跡」を踏んで身ごもったとされるし、そのほかにも雷や虹などによる感精型神話がある。しかし中国神話の場合、感精ではあっても、朱蒙の出生のように日光そのものに感精したのではない点は注意する必要がある。

三品彰英は東北や東アジアの卵生神話・感精神話を収集、整理している（二九頁参照）。

これを見ると、日光感精型の出生神話は古代韓国に特徴的であり、日光すなわち太陽との関連を暗示している。

朱蒙ないし東明神話の初出は中国で一世紀に出た王充の『論衡』「吉験篇」[13]である。そこでは前掲の『三国志魏志東夷傳』「夫餘」に見られる、日光感精は言及されていない。それが現われるのは『魏書』「高句麗傳」や『隋書』や『北史東夷傳』からである。また前述のように、朱蒙（東明）が「天帝の子」か「日の子」かも微妙に異なり、近年発見された高句麗の牟頭婁の碑文の「日月之子」は特に注意を要する。

最後に百済の建国神話であるが、これは扶余・高句麗のものとほぼ同じである。そのためここでは次の二点だけを指摘するにとどめたい。

第一に、国名である「百済」の語義についてである。金思燁の解釈によれば、「百」は「(pʌlk・pʌl」（パル・パル）つまり光明・国原の意味の表記であり、「済」は「čas・čaj」（ジャッ・ジェ）つまり城を意味する。したがって「百済」は「光明城」を意味する。[14]ここにも日神信仰的要素が示唆されている。

第二に、『続日本紀』「桓武天皇」（延暦九年七月一七日）条に、百済人、王仁貞ら[15]が上奏して語ったこととして、「夫百済太祖都慕大王者、日神降霊、奄夫余（卒本扶余）而開国」と記されている（傍線は筆者。「そもそも百済の太祖の都慕大王は、太陽神が霊を下して扶余を支配させ国を開かせた」）。都慕は、東明すなわち朱蒙のことだが、ここで「日神降霊」という語句は注目に値しよう。朱蒙

【卵生神話と感精神話の分類】

	事　例	第一類	第二類	第三類
漢族	庖犧	雷		
	庖犧別伝	青虹		
	神農	神竜（雷？）		
	黄帝	大電		
	少昊	太白の精		
	禹帝	流星		
	周祖后稷	巨人の跡—雷		
	禹帝異伝		神珠・薏苡	
	殷祖契		（帝嚳）—玄鳥卵	
	秦祖大業		（端顓）—玄鳥卵	
蒙満鮮日	鮮卑王檀石槐		雹	
	清祖愛親覚羅		神鵲—朱果	
	扶余祖東明王		卵気	
	北魏太祖			日光
	前趙祖劉淵		（半鶏子）	日精
	劉聡			日光
	慕容徳			
	北魏世宗			
	北斉後主			日光
	遼太祖			日光
	蒙古王妃アルンゴア別伝			日光
	高句麗始祖朱蒙			日光
	新羅王子天ノ日子		赤玉	日光
	対馬天童			日光
	六隅正八幡			日光

〈三品彰英著『神話と文化史』（平凡社、1971 年、p.502）より転載〉

は天神（天帝）の子というよりも、日神の子の要素を多分に持っていると言えよう。

2 古朝鮮・韓国の史書『三国遺事』に見られる「壇君」神話

日本の天孫降臨と神武東征（または東遷）神話のような、韓国全体の建国・始祖神話は言うまでもなく壇君《タングン》神話である。壇君は檀君とも書き、古朝鮮の建国者とされている。箕氏朝鮮や衛氏朝鮮（——これらは中国からの移民が建国）の神話よりも古いとされる壇君神話は、まとまった神話としては、現存する史書では『三国遺事』が初出である。『三国遺事』の著者、一然（一二〇六〜一二八九）は『古記』と『魏書』をもとにし壇君神話を記述したというが、この『古記』はどれくらい古い史料なのであろうか。(16) 今日伝来する『魏書』には壇君の記録はない。魏収の編纂とされる『魏書』（『北魏書』）も二九編が宋代に消失しているため、一然がどの史書から引用したのかも分からなくなっている。また『三国遺事』の壇君神話は、一然が僧侶であったため仏教や道教の影響がきわめて強いが、以上の点を踏まえて、まず『三国遺事』「紀異篇」古朝鮮条の壇君神話を見ることにしたい。

魏書云　乃往二千載　有壇君王儉　立都阿斯達　經云無葉山　亦云白岳　在白州地　或云在開城東　今白岳宮是　開國號朝鮮　與高〔堯〕同時　古記云　昔有桓因　謂帝釋也　庶子桓雄

數意天下　貪求人世　父知子意　下視三危太伯　可以弘益人間　乃授天符印三箇　遣往理之
雄率徒三千　降於太伯山頂　卽太伯今妙香山　神壇樹下　謂之神市　是謂桓雄天王也　將風
伯雨師雲師……（中略）……時有一熊一虎　同穴而居　常祈于神雄化爲人　時神還靈艾一炷
蒜二十枚曰　爾輩食之　不見日光百日　便得人形　熊虎得而食之　忌三七日　熊得女身　虎
不能忌　而不得人身　熊女者　無與爲婚　故　毎於壇樹下　呪願有孕　雄乃假化而婚之　孕
生子　號曰壇君王儉……（中略）……都平壤城　今西京　如稱朝鮮　又移都於白岳山阿斯達
……（中略）……御國一千五百年　周虎〔武〕王卽位己卯　封箕子於朝鮮　壇君乃移於藏唐
京　後還隱於阿斯達爲山神　壽一千九百八歳

魏書によると、今から二千年前に壇君王儉が阿斯達《アサダル》に……（中略）都を定めて朝鮮という国を建てた。これは、中国の尭《ぎょう》帝の頃だという。古記によると、昔、桓因《ファニン》（帝釈ともいう）の息子桓《ファ》雄《ヌン》は、日ごろ天上から太伯山のふもとに住んでいる人間を見下ろしては、彼らを広く治め、救いあげたいという気持で一杯だった。ある日、息子の気持を知った桓因は、その願いに答えて、息子を太伯山頂の神壇樹《シンダンス》の下の神市に降臨させた。息子は降臨のさい、天符印三個を受け取り、風伯・雨師・雲師と部下三千人を引き連れて太伯山頂の神壇樹下の神市に降って、桓雄天王と名のった。……（中略）そのころ、熊と虎が洞穴で同居していたが、人間になりたいと桓雄に願った。桓雄は、ヨモギとニンニクだけを食べて一〇〇日の間日光を見なければ人間の体を得ることがで

壇君（韓国国立中央博物館蔵）

きると教えた。辛抱強い熊は女になることができたが、虎は失敗した。女となった熊は子供がほしいと思い、毎日神壇樹の下で願をかけた。そこで桓雄は熊女と結婚して、子が生まれた。その子を壇君王倹と名づけた。……（中略）都を平壌に定めて朝鮮と名のった。また、都を白岳山の阿斯達に移した。……（中略）彼は一五〇〇年間この国を統治した。中国の周の武王は、即位の年に箕子を朝鮮の領主にした。それで檀君は、藏唐京に移動したが、そののち還って阿斯達に隠れて山の神になった。寿命は一九〇八歳だったという。

ところでこの壇君神話中の桓因＝帝釈だが、これは仏教に採りこまれた古代インド神話のインドラ神である帝釈天のことである。インドラ神はリグ・ベーダの時代（B.C.一五〇〇〜九〇〇年）の最高神であり、多くの漢訳名を持つが、その一つが「釈提桓因」である。この神は元来、ギリシアのゼウス神に比される雷神であって、須彌山頂の忉利天《とうりてん》の中央の喜見城に住むとされた。壇君神話にはこうした構造的な下敷があったものと思われる。

壇君は『三国遺事』では壇君王倹（倹）と呼ばれているが、壇君はムーダン（巫堂、シャーマン）

もしくは祭司長と考えられ、また王倹は、神聖な人間を意味し、政治的支配者の意味も重なるという見方もある。[17]『三国史記』「高句麗本紀」巻第十三には、高句麗第一一代東川王（在位、二二七〜二四七）二一年目の二月条では「王倹仙人」と書かれており、当時、王倹の名は知られても壇君の名は知られていなかったと考えられる。さらにこの王倹だが、これは平壌《ピョンヤン》の古い地名であり（衛氏朝鮮の王都の地名、司馬遷の『史記』の「朝鮮列伝」にあり）、この地方で祀られた王倹仙人の伝説が壇君神話に発展したという説もある。これらについては、多くの研究者、たとえば日本では今西龍が「檀君考」[18]でこの神話を検証している。今西は壇君神話は一然の創作ではなく、彼の言う『古記』にあったものを掲載したのだと考える。

ところで、桓因は天神と考えられるが、現代の韓国語「天（空）」（하늘、ハヌル）の語源の写音だとする解釈もある。[19]

『三国遺事』が書かれた高麗時代は仏教を国教としていたので、当時帝釈天を祭る寺院が多くあったと言われている。この時代はモンゴル（元）の侵略に対する激しい抵抗意識が起こり、朝鮮民族全体の共通の始祖を求める気運が強かったと思われる。

〔李氏〕朝鮮王朝時代になると、第四代の世宗王（在位、一四一八〜一四五〇）は、一四二九年に壇君を高句麗始祖東明王（朱蒙）廟に合祀したのである。それ以後、壇君は国家的な祭神となり、韓国では一九六一年まで、壇君即位の年を元年と定めた紀元（B.C.二三三三年としていた）を西暦年に加算した「壇君紀元（壇紀）」が年号として公式に用いられていた。それは日本でいう皇紀[20]のことである。おそらく平壌地方には朱蒙伝説があっただけでなく、その父解慕漱が道教思想の影響で、王倹仙人と呼ばれ崇拝されていたのであろう。壇君神話は仏教や道教の潤色が多いが、扶余や高句麗に特有な獣祖神話（北方型の熊信仰）や山上降臨などの基本的要素もその中核に残されている。

壇君の父桓雄は女と化した熊と結婚し天孫を生んだが、これはモンゴルのジンギス＝ハーンやツングース系民族の獣祖神話である。『三国史記』「高句麗本紀」巻第十三と『三国遺事』「紀異篇」高句麗条には、水神（河伯）の娘が熊神山（または熊心山）で水浴中に解慕漱におそわれ、朱蒙が生まれる話が載っている（前掲の原文を参照）。私見だが、この「熊神山」の「熊」は元来、壇君（すなわち解慕漱）の父の桓雄の熊との聖婚神話の反映ではないだろうか。むろん朱蒙の神話では、朱蒙の父は天神か日神で、母はただ河伯の女（娘）となっている。しかし「熊」という言葉だけは地名の中に残されたと考えられる。

降臨のさい桓雄は三個の天符印を受け取っているが、神話の中でその詳細は述べられていない。日本の天孫降臨の折の鏡・剣・勾玉といった神宝のようなものであろう。

太伯山頂の神壇樹に降るシーンは、言うまでもなく垂直型の山上降臨である。太伯山（あるいは太白山）の伯は「光明」を意味する古語であり、古い時代に信仰の対象となった山に好んで付けられた。[21]また都の阿斯達《アサダル》は、「阿斯＋達」で、「阿斯」は「아침（アチム）」であり「朝」の意味であり、「達」は「달（タル）」で地とか平野の意味とされ、「阿斯達」とは朝の地を意味する

とされる。[22]

以上のように、壇君神話には日光感精の要素も卵生的要素もない。しかしその降臨地を分析すると、そこは朝日すなわち日の出がよく見える地であることが強く示唆されている。ここにこの神話の日神的要素を探りうる。もともと「朝鮮」という古くからの呼称自体が、「曙の国」とか「朝日の鮮やかな国」という意味である。ちなみに管仲（?〜B.C.六四五年）の著した『管子』の中にすでに「朝鮮」という呼称がある。中国から見て東方に位置する韓半島（朝鮮半島）に「朝鮮」があり、さらにその東方に「日本」があることは、これらの国が太陽や太陽神に関わる信仰や神話と結びつく地理的な基礎的条件になっていると思われる。

3　新羅――朴・昔・金の三氏の始祖神話

古代の韓国には統一国家（七世紀）になる以前に、高句麗・百済・新羅があり、一般に三国時代と言われた。しかも新羅そのものにおいても、朴・昔・金という三氏の別々の始祖神話が重層している。各氏の神話を個別に詳しく分析して、ここから天神と日神の要素を考察する。

(1)　朴氏の始祖神話――その日神的要素

『三国史記』によれば、「新羅」という名称が生まれたのは第二二代の智證王（在位、五〇〇〜

五一四）のときである。それ以前は斯盧《サロ》・斯羅《サラ》などと呼ばれていた。新羅の王統譜には「朴」「昔」「金」の三氏が載っていて複雑である。これは六世紀初頭の智證王の時代に国が統一されるまで、(23)三氏の王権が並立していた可能性を示唆している。『三国史記』「新羅本紀」巻第一に即してまず朴氏の始祖神話を要約して示したい。

始祖　姓朴氏　諱赫居世　前漢孝宣帝王五鳳元年甲子　四月丙辰—曰正月　十五日　即位號居西干　時年十三　國號徐那伐　先是　朝鮮遺民　分居山谷之間　為六村……（中略）……高墟村長蘇伐公　望楊山麓　蘿井傍林間　有馬跪而嘶　則往觀之　忽不見馬　只有大卵剖之　有嬰兒出焉　則　收而養之　及年十餘歳　歧嶷然夙成　六部人　以其生神異　推尊之至是　立爲君焉　辰人謂瓠爲朴　以初大卵如瓠故　以朴爲姓　居西干　辰言王

始祖朴赫居世《ヒョッコセ》は十三歳で即位し、王号を居西干、国号を徐那伐《ソナボル》と名づけた。前漢孝宣帝五鳳元年の時と同じである。かつて朝鮮の遺民が山や谷間に住んでいる六村（現在の慶州市域に比定される地）があった。……（中略）その六村の一つの高墟《コホ》村の蘇伐公《ソボル》は、ある日、楊山《ヤンサン》のふもとの蘿井《ナジョン》のそばの林で馬がひざを曲げていないないているのを見つけた。近づいて見ると馬の姿はなく、大きな卵だけが残されていた。これを割るとそこから赤ん坊が出て来た。蘇伐公はこの子を育てた。十数歳になると立派な大人になった。六村の人びとはその生まれが不思議なので敬い、王に推戴した。辰〔韓〕の人は瓠《ひさご》を朴《パク》と言っていたが、大きな卵が瓠のようだったので朴をもって姓とした。居西干とは彼らの言葉で王という意味である。

この神話は明らかに卵生型神話であり、この点では高句麗の朱蒙神話と共通しているとはいえ、日光感精的要素も、また卵が捨てられるという筋も見られない。

しかし王の名前の語義を分析すると、そこに日神的要素を見出すことが可能になる。王の名の「赫」は、漢字の本来の意味では、火があかあかと燃えたり、光が明るく輝く様子を表している。金思燁によれば、「赫」は光明・明哲の意を表す語「パルク」（pʌlk）の漢音表記である。(24) すると「赫居世」（居世は王）は明王・聖王の意であるとともに、「輝く王」「日の王」を意味すると推察できよう。

また『三国遺事』では卵生の赤ん坊だった赫居世を沐浴させると「身生光彩 鳥獣率舞 天地振動 日月清明」（その身体から光彩が放たれ、鳥や獣が共に舞い、天地が振れ動いて、太陽や月が明るく清らかに輝いた）と書かれている。これは日本神話の皇祖神アマテラスの出生神話を思わせる。『日本書紀』には「光華明彩《ひかりうるわ》しくして、六合の内に照り徹る」とある。

国号の徐那伐であるが、『三国遺事』「紀異篇」新羅始祖の赫居世王条には「徐羅伐」「徐伐」とも表記され、『三国遺事』の著者自身が、これらは当時の「京《みやこ》」のことだと注記している（「國號徐羅伐 又徐伐 今俗訓京字云徐伐 以此故也」）。金思燁の語釈では「徐羅伐」と「徐伐」はと

もに漢音表記にすぎず、「これは〈京・国〉の古語で、現代語は〈서울〉（ソウル）である」[25]という。また神話中の馬が現れたという「林」に注目すると、「林」は「徐伐」と同音とみる解釈もある。[26]すると、国号は王の生まれた聖なる樹林にちなむということになろう。

『三国史記』「新羅本紀」巻第一には、赫居世妃の生誕神話もある。龍が閼英《アルリョン》という井戸に現れ、その右脇（ないし左脇）から女児が生まれた。これを見た老婆が女児をひきとって養育し、赫居世の妻とした。王妃の名はその井戸にちなんで閼英と名づけられた。第二代王（在位、紀元後四～二四）の「南解《ナムヘ》」（「次次雄《チャチャウン》」ともいう）は、父すなわち始祖赫居世の祖廟を立て、妹の阿老《アロ》が祭祀を行なった。原文には、次次雄を「慈充」ともいうが、これは巫を表す方言だと『三国史記』には説明されている。日本と同じく古代新羅では王はシャーマン王だったのである。

『三国史記』「新羅本紀」巻第三によれば、第二一代の炤知王（ないし毗處王、在位、四七九～五〇〇）は、始祖赫居世が卵となって生誕した地、蘿井《ナジョン》（または奈乙《ネウル》）に神宮を創立したが、[27]この蘿井の語義については諸説がある。一般的な解釈では、奈や羅は三国時代（高句麗・百済・新羅）の地名によく付けられる羅・那・邪・耶・盧・良と同様に国を意味し、井の古訓が乙であるから、蘿井も奈乙も「国の井戸」を表すというものである。[28]

もう少し特殊な注釈もある。「奈乙」を「日」（英語の day の意味だが、転じて太陽 sun の意味もある）を意味する「날（ナル）」の音表記と考えたり、「날《ナル》」を生成を意味すると考える解釈である。ここから、三品彰英は、奈乙・蘿井は日の御子の生誕する「みあれの泉」「日の泉」[29]と、金思燁

は「日の井戸」[30]とそれぞれ考えている。

（2）昔氏の始祖神話――箱舟漂流と脱解

新羅第四代王の脱解《タルヘ》（または吐解、在位五七～八〇）は昔氏の始祖である。『三国史記』「新羅本紀」巻第一によりこの始祖神話を簡潔にまとめてみる。

脱解本多婆那國所生也　其國在倭國東北一千里　初其國王娶女國王女爲妻　有娠七年　乃生大卵　王曰　人而生卵不祥也　宜棄之　其女不忍　以帛裹卵並寶物　置於櫝中　浮於海任其所往　初至金官國海邊　金官人怪之不取　又至辰韓阿珍浦口　是始祖赫居世在位三十九年也　時海邊老母　以縄引繫海岸　開櫝見之　有一小兒在焉　其母取養之　及壯身長九尺風神秀朗　知識過人　或曰　此兒不知姓氏　初櫝來時　有一鵲飛鳴而隨之　宜省鵲字　以昔爲氏　又解韞櫝而出　宜名脱解

脱解は本来、多婆那国（『三国遺事』では龍城国または正明国、琓夏国、花厦国）[31]の生まれである。その国は、倭国から東北一千里（『三国遺事』では、龍城は倭から東北一千里）[32]のところにあった。国王は女国の王女を妻にしたが、七年目に大きな卵を生む。王はその卵を棄てるように命じたけれども、それをするに忍びなかった妻は、絹で卵と宝物とを包んで箱に入れて、海に流した。初めそれは金官国の海辺に漂着したが、金官人はこれを怪しんで拾い上げなかった。次に辰韓の阿珍浦（現在の迎日）に至った。始祖赫居世在位三九年のときである。そのとき海辺にいた老母が綱で引いて海岸につないだ。そして箱を開けて見ると一人の小児がいた。小児は老母に養われ、立派な男に成長した。初め箱が来たとき一羽の鵲《かささぎ》が飛来してこの箱に付いて来たので、鵲の字を省略して昔氏とし、また箱に収められたのを解いて出て来たので脱解と名づけた。

この神話の初めの部分には卵生が述べられ、王がこれを不祥、すなわち、めでたくないとして捨てさせたところまでは、高句麗の朱蒙神話と類似している。また生母は卵を絹で包んで箱に入れて流すが、高句麗の神話にも生母が卵を物で包み温めるという（『魏書』『三国史記』『三国遺事』の「高句麗傳」）ので、この点も共通している。しかし、卵が生母に返されて生母に養われるのではなく、海に流されて見知らぬ老母に拾われて育てられるという点が、昔氏神話独自の特徴である。

箱舟漂流神話は、西南太平洋の島々に広く見られるので、一般に神話学では、南方系の神話と見なされている。(33) しかし韓半島は、もともと三方が海に囲まれており、部族や民族の移動は自ずと海によったのであるから、南方系の箱舟漂流型にくる必要もないと思われる。むしろこの昔氏神話で重要なのは、漂流する箱舟に鵲が付いて来たという点である。『三国遺事』「義解篇」の宝壌梨木条には、鵲は霊鳥であり、竜神とも関係がある、と述べられている。高句麗の神話で朱蒙が河の魚やすっぽんに助けられたのと同様、霊的な動物の守護という観念は共通していると思われる。

ちなみに鵲は韓国ではふつうに見られ、国鳥とされている鳥である。日本では北九州の佐賀平野にのみ分布する天然記念物である。『日本書紀』推古天皇条の六年四月に「新羅より至りて、鵲二隻を献る」とある。

鵲

さて、昔氏神話から日神的要素を抽出することは可能だろうか。脱解王の名は箱をこわして脱出したからと説明されるが、これは一種のこじつけであろう。私見によれば、「脱解」の「解」はやはり「ヘ」(해)すなわち日であり(第二代王の南解の解も)、「脱解」は「タルヘ」(탈해)→「タルヘ」(달해)つまり月(달)と日(해)を表しているのではないだろうか。

新羅には古い時代に日神と並び月神の信仰が盛んであった。『隋書』「新羅伝」には、「毎正月旦相賀　王設宴會　班賚群官　其日拜日月神(毎年正月の日の出るころには互いによろこびあう。王は祝いの宴会をひらいて、多くの役人に物を分かち与える。その日は日月神をおがむ)」

とある。(34) 中国の正史を見るかぎり、こうした日神・月神礼拝の明確な表現は、古代韓国の他の国の祭祀に関する記述には見られない。

昔氏神話中の阿珍浦は現代の迎日湾岸一帯である。後述するが、『三国遺事』に載っている新羅時代の「延烏郎《ヨノラン》・細烏女《セオニョ》」伝説はまさにこの阿珍浦に生まれたものであり、日神・月神の国家的な祭祀と関わっている。以上から、昔氏神話にも、高句麗・百済とは異なった意味での日神的要素が内在していると考えられる。

(3) 金氏の始祖神話――金の箱による降臨

王統譜で金氏は新羅第一三代目に初めて王位に就く。朴氏と昔氏の始祖神話はいずれも初代の時期に語られていたので、金氏の始祖神話が一三代で初めて語られるのは遅すぎると思われたのか、第四代の脱解王（昔氏）の神話のところに記されている。

『三国史記』「新羅本紀」巻第一、脱解王九年春三月条から金氏の始祖神話を取りあげてみる。

王夜聞　金城西始林樹間　有雞鳴聲　遅明　遣瓠公視之　有金色小櫝挂樹枝　白雞鳴於其下　瓠公還告　王使人取櫝開之　有小男兒在其中　姿容奇偉　上喜　謂左右日　此豈非天遺我以令胤乎　乃收養之　及長聰明多智略　乃名閼智　以其出於金櫝姓金氏　改始林名雞林因以為國號

脱解王は夜、金城（『三国遺事』では、月城）の西の始林《シリム》の樹間に鶏の鳴き声を聞く。大臣の瓢公《ホゴン》を遣わすと、瓢公は金色の小箱が樹の枝に掛けてあるのを発見し、その下で白鶏が鳴いているのを聞いた。瓢公は帰ってその様子を王に報告した。後に、王の遣わした人がこの小箱を開けると、小さな男児がその中にいた。王はよろこび、「天が血統を継がすために遣わした者にちがいない」と言って、その子を養った。その子は閼智《アルヂ》と名づけられた。金色の箱から出たので姓を金氏と定めた。また始林を改めて鶏林《ケリム》と名付けて国号とした。

この金閼智はその頃には王とならず、その子孫である新羅の第一三代の味鄒王（在位、二六二～二八四）が金氏の最初の王となっている。金閼智の閼智は「알지」（アルヂ）→「아기」（アギ）、つまり小児の意味である。[35] 金氏の金はこの場合、閼智の入った小箱の金色の金であり、また『三国遺事』「紀異篇」金閼智説話の中では、「見大光明於始林中」「光自櫃出」と表現されており、卵生要素はなくとも降下型の日神的要素を十分にうかがうことができよう。

4　伽倻の始祖神話──『三国遺事』の「駕洛国記」神話と『東国輿地勝覧』の伽倻山の女神「正見母主」神話

古代史では一般に統一新羅（七世紀）の武烈王（在位、六五四～六六一）以前の時代を三国時代と呼び、伽倻（耶）ないし加羅を含めないことが多い。けれども伽倻と呼ばれた地には、六部族の連合によって成る国が存在し、そのうち中心となったのは金官伽倻国である。『三国遺事』「紀異篇」には、これとつながりの深い「駕洛国記」神話が収められている。この神話は『三国遺事』によれば、駕洛国記は遼の道宗大康年間（一〇七五～一〇八三）[36]に、「金官知州《ママ》事文人所撰也（金官の知州事をしていた〔高麗の〕文人が撰するところ）」とあり、今まで取り上げた古代韓国の建国神話の中で最も新しいものである。したがって中国文化や仏教の影響を強く受けている点は注意を要する。ともあれその神話をまず紹介しよう。

　後漢世祖光武帝建武十八年壬寅三月禊浴之日　所居北龜旨　是峰巒之稱　若十朋伏之狀　故云也　有殊常聲氣呼喚　衆庶二三百人　集會於此　有如人音　隱其形　而發其音曰　此有人否　九干等云　吾徒在　又曰　吾所在為何對云龜旨也　又曰　皇天所以命我者　御是處　推新家邦　為君后　為茲故降矣　儞等須掘峯頂撮土　歌之云　龜何龜何　首其現也　若不現也燔灼而喫也　以之蹈舞　則是迎大王　歡喜踴之也　九干等如其言　咸忻而歌舞未機　仰而觀

之　唯紫縄自天垂而着地　尋縄之下　乃見紅幅裹金合子　開而視之　有黄金卵六圓如日者衆人悉皆驚喜　俱伸百拜　尋還裹著　抱持而歸我刀家　寘榻上　其衆各散　過浹辰　翌日平明　衆庶復相聚集開合　而六卵化爲童子　容貌甚偉　仍坐於床　衆庶拜賀　盡恭敬止　日日而大　踰十餘晨昏　身長九尺　則殷之天乙顏如龍焉　則漢之高祖　眉之八彩　則有唐之高眼之重瞳　則有虞之舜　於其月望日卽位也　始現故諱首露　或云首陵　首陵是崩後諡也　國稱大駕洛　又稱伽耶國　卽六伽耶之一也　餘五人各歸　（『三国遺事』「紀異編」駕洛国記条）

後漢の世祖光武帝（在位二五〜五七）建武一八年壬寅三月、みそぎの日に、北の方にある亀旨峯《クジボン》から人を呼んでいるような声がしたので、不思議に思った民衆二、三百人がそこに集まった。すると人間のような声ではあるが、姿は見えず声だけが聞こえるのである。「ここに誰かいるのか」という声に、九干（九人の族長）たちは「我らがいます」と答えた。続いて「ここはどこなのか」と言うので、「ここは亀旨です」と告げた。するとその声は、「わたしは天の神の命によって王の国を新しくするために降りて来た。おまえたちは峯の頂上を掘って土を取り歌いなさい、〈亀はどこだ、亀はどこだ。首を出すのか、出さないのか。出さないのなら焼いて食うぞ〉と足ぶみをしながら舞い踊りなさい。これは大王を迎え、喜び勇み立つためである」と言うのであった。九干たちは言われたままに、みな歌い踊った。まもなくして見上げると、紫の縄が天から垂れて地上に降りてきた。縄の下には、紅の布が金の合子（蓋《ふた》付小型容器）箱を包んでいるのが見えた。開けて見ると黄金の卵が六つあり、円さは日（太陽）のようであった。人びとは驚き喜び、百拝した。これを布に包んで族長の一人である我刀干《アドガン》の家へ持ち帰り、寝台の上に置いた。十二日経た翌日の明け方に、多くの民衆が集まってその箱を開けた。するとその六つの卵は童子に変じていた。立派な容貌で床の間に座ると、人びとは礼拝した。童子は日に日に大きくなり、十日もすると成長して身長が九尺にもなった。その月の満月の日に即位した。これが首露《スロ》王であり、国を大駕洛ないし伽耶国と称した。これは六つの伽耶の国のうちの一つである。他の五人も帰ってそれぞれ五つの伽耶の王となった。

この神話は、三品彰英によれば、大康年間頃の首露廟の祭儀的実修の投影である。(37) つまり首露廟で行なわれた祭儀を実際に見て、そこから神話を構成したと考えている。そのために演劇的要素が濃厚で、また文飾や修辞がたしかに多い。

しかしここでは、この建国神話の中核的要素だけを取り出してみたい。まず卵生要素であるが、女性が卵を生んでいないことは新羅の朴氏の神話に近い。また天からの王の降臨という点では、壇君神話に似た壮大なスケールを有する。高句麗・百済の場合は、朱蒙の母（柳花）が自ら天帝の息子だという人物（解慕漱）と出会い、その後に柳花へ太陽の光が照射したことが、天とのつながりであった。しかし朴氏・昔氏・金氏の場合には、天〔神〕とのつながりは特に明示されていない。その点、駕洛国神話には、はっきりと、天神（つまり「天帝」「皇天」）の命によって一種の神亀が天から山（亀旨峯）へ降りて来たことが示されている。そればかりか、この神話には他の神話と異なって将来の王の入った卵と箱の両方とも出て来ている。この神話の中核を卵生型と見る鳥越憲三郎は、「神話の原形をもっとも残しているのは……族長が着物に卵の箱を包み、捧げて家に持ち帰り、しとねの上に置いて童子が現れるというものである。……それは卵の孵化が親鶏の温めによるところから発想されたものである」[38]と述べている。

筆者は駕洛国神話から天神の山上降臨型神話、すなわち垂直型神話の要素を締め出すことはできないという立場を取りたいと思う。というのも駕洛国神話に関しては別な神話も存在するからである。すなわち一五世紀に編纂された『東国輿地勝覧』巻二十九の「高霊県」条に、以下のような伽倻山の女神「正見母主」神話の記述がある。

崔致遠釋利貞傳云　伽倻山神正見母主乃為天神夷毗訶《いひか》之所感　生大伽倻王悩窒朱日金官國王悩窒青裔二人　則悩窒朱日爲伊珍阿豉王之別称　青裔為首露王之別称……

これによれば、崔致遠の『釋利貞傳』の伝えだと記されている。後述するが、崔致遠は九世紀頃の新羅時代の人物であるので、伽倻山の女神「正見母主」神話は『三国遺事』の「駕洛国記」神話より古いと考えられる。この内容は、高霊県にあった伽倻山（現在、海印寺のある伽耶山）の女神である正見母主（仏教的潤色があるが、賢明なる聖母の意味と思われる）が天神である夷毗訶に感精して、大伽倻（後の高霊伽倻）の王、悩窒朱日と、金官伽倻の王、悩窒青裔の二人を生んだ、というものである。後者は首露王の別称である。

「正見母主」神話の「伽倻山神正見母主乃為天神夷毗訶之所感」に従えば、『三国遺事』の建国神話の中核は、鳥越の見解とは異なり、南方的な卵生型神話ではなく、山上降臨型神話であると思われる。ここにはたしかに天神の夷毗訶とあるだけで、日光に感精したとは記されていないが、朱日という王名から推測される日神との関係から、日光感精そのものは示唆されているし、正見母主は山の女神だからである。この神話の王名「朱日」（文字どおり、朱、つまりあかい太陽）については、古代朝鮮史学者の末松保和[39]も、国文学者の溝口睦子[40]も、日神信仰と密接な関係を示していると指摘している。

以上、古代韓国の建国神話を考察し、そこに現れている天神（特にエリアーデの天空神）と日神（太陽神）のおのおのの要素に注目して来た。

ここで強調したいことは、古代韓国の建国神話（王権・始祖神話を含む）に現れる天神の観念は、エリアーデがいう古代中国のような、いわゆる「天」の観念とかなり異なった性格のものであるという点である。また天神の観念には、必ずしも明確な形ではないとはいえ、太陽神つまり日神的要素が分かちがたく結びついている事実である。むろんこれは、日本のアマテラスのような明白な日神ということではない。筆者は古代韓国の建国神話に底流する日神の観念を「日神的天神」と理解したい。つまり元来は天神であるが、日神的要素を多分に内在している天神ということである。これは日本の建国（王権・皇祖）神話になると日神的要素がさらに優勢になって、いわば「天神的日神」と呼びうるものとなってゆくと推測している。「天神的日神」とは、根本は日神すなわち太陽神でありながらも、天神的要素をそなえている天神という意味である。

5　娑蘇神母の説話

(1)『三国史記』『三国遺事』に見られる娑蘇神母

新羅の始祖神話に関して『三国史記』と『三国遺事』で、いわば別伝（ないし註釈）のように記された神話または説話の一つに、娑蘇神母または仙桃聖母の神話がある。

さまざまに呼称される娑蘇神母（以下、娑蘇で通す）は『三国遺事』の巻一の「新羅始祖　赫居世王」条に、著者の一然が設けた註のような形でごくわずかに出てくるだけである。しかし詳細に読むと、きわめて重要な記事であることがわかる。『三国史記』にも娑蘇に触れた個所があるが、まず『三国遺事』から見ていこう。赫居世が誕生したとき体から光彩が放たれ、天地が揺れ動いて、太陽と月が明るく清らかに輝いたことは前述したが、一然は註釈の中で、この光景は「西述聖母」または「仙桃聖母」の誕生のことを述べたものである、と示唆している。一然は同じ個所で、赫居世王の妃の生誕についても「西述聖母」に関連づけている。本文では王妃の閼英は、閼英という井戸のそばに現れた鶏竜の左脇より生まれた、[41]とある。しかし一然の註釈では、その竜とは西述聖母の現身のことではないか（「焉知非西述聖母之所現耶」）となっており、閼英を生んだのは聖母であると示唆している。

そうなると新羅の始祖は赫居世よりもさかのぼることができるが、『三国遺事』は断定を避けている。『三国史記』は赫居世王の条では娑蘇にはまったく触れていない。『三国遺事』『三国史記』は共に、ずっと後世の伝えとして娑蘇のことを記している。初出は『三国史記』「新羅本紀」の敬順王（即位九二七年）の条である。ここで金富軾《ブシク》は（編者たちの）私見として、朴・昔氏始祖の卵生や、金氏始祖の黄金の櫃に入って降下して誕生したという点は信じられない、と述べている。そして富軾自身が高麗の文官として中国の宋に行ったときの見聞を記している。彼は宋の佑神舘という所で、女の仙人の像を奉安してある堂を見た。そのとき中国側の学者が次のように語ったという。すなわち、「この像はあなた方の国の神です。昔、王室に女がいたが、夫がいないのに妊娠したので人びとはあやしく思った。それで海に（船で）出て辰韓に着いて子を生んだ。その子が海東の最初の王となり、その女は地仙となって、長く仙桃山に住まっている」と。

富軾はまた、宋の使いが作った「東神聖母を祭る文」の中に、賢女が国を初めて建てたという句を見たが、この東神聖母が「仙桃山の神聖者」であることはわかるが、その子がいつ王になったのかはわからない、と記している。[42]

この富軾の見聞は『三国遺事』にも記載されている。それは「感通篇」の仙桃聖母随喜仏事の条である。一然がここで『三国史記』の記事を引くのは、自分が独自に書くことの一つの傍証のためである。一然自身は、新羅第二六代王の眞平王（在位五七九〜六三二年）時代にいた、賢明で篤信の比丘尼（尼僧）が見た夢の中に現れた娑蘇について述べている。安興寺の仏殿修理のための資金の捻出に苦しんでいた尼僧に現れた「仙桃山の神母」は、「神祠座」の下に埋まっている黄金を掘り出すように指示したという。それによって仏殿は立派になって寺が栄えたという話である。これに続いて『三国遺事』は、神仙思想を絡めてこの神母について大略次のように記している。

神母の名は娑蘇とよばれ、彼女は中国の帝室の娘である。神仙の術を得て、海東（朝鮮）に来て住みついて長く帰らなかった。父の皇帝が鳶《とび》の足に手紙をむすびつけて「鳶が止まるところに家を作って住みなさい」と伝えた。娑蘇が手紙を読んでから鳶を放ったところ、仙桃山（慶州の西岳）に飛んでいってそこに止まったので、娑蘇はそこに住み地仙となった。その山は西鳶山と名づけられ、娑蘇神母は久しくこの山を根拠地として国を鎮護し、霊異が非常に多かった。(43)

また富軾の記事の引用の直前には、次のような一然の文がある。原文と金思燁の訳文を下に掲げる。

其始到辰韓也　生聖子為東国始君　蓋赫居閼英二聖之所自也　故称鶏龍鶏林白馬等鶏属西故也　嘗使諸天仙織羅　緋染作朝衣　譖其夫　国人因此始知神験

（娑蘇は）はじめ辰韓にきて、聖子を生み、東国の最初の王となった。たぶん、赫居世と閼英《アリヨン》の二聖を生んだことであろう。それで鶏竜・鶏林・白馬（など）の称があるが、（これは）鶏が西がわ（西方）に属するからである。あるとき（娑蘇が）諸天の仙女たちに、羅《うすもの》を織らせ、緋色に染めて朝服を作り、彼女の夫に贈った。国の人がこのことによってはじめてその神験を知った。(44)

ここで初めて一然は、慶州の西岳（仙桃山、兄山、鶏竜山、西鳶山、西述山も同じ山の異称）の神母の名が「娑蘇」であり、赫居世と閼英を生んだと、かなり断定的に記している（朝衣のことは後述する）。

一然は以上の説話を述べたあと、前述の富軾の『三国史記』の記載に注意を促している。そしてこの条を次のような、神母「讃」、つまり神母をほめたたえる文章で結んでいる。

来宅西鳶幾十霜　招呼帝子織霓裳　長生未必無生異　故謁金仙作玉皇

西鳶（西岳）に来たりて住みしより幾十霜、天帝の子を招きて霓裳《げいしょう》（にじのように美しいもすそ）を織らしめたり。長生術も霊異ならざるにはあらざれど、金仙（仏）にまみえて玉皇（道教でいう天帝）とはなりぬ。(45)

『三国史記』と『三国遺事』に出てくる娑蘇神話は以上のとおりである。これによると、娑蘇は古代の中国の王族か道教の神仙のように見える。

（２）娑蘇神母の神話的ルーツとしての西王母

娑蘇が歴史上の中国の帝室の娘であることは、信じがたい。富軾も一然も、また富軾にその伝説を伝えた宋の学者にしても、道教神話的な女仙ないし地仙を語っているのであって、誰か歴史上の人間について語っているとは思われないからである。以下、あくまでも古代中国の神仙神話の範囲内で娑蘇の源泉を探ってみたい。

よく知られた女仙で、かつ「玉皇」にもなったような最高の神仙といえば、私見だが、それは西王母をおいて他にない。古代中国の地理書『山海経』（古い部分は前五〜三世紀の作と推定されている）は、西王母を半人半獣の恐ろしい女神として描く。西王母は昆崙《こんろん》（崑崙とも書く）に住み、三青鳥が食物を運んでいた。秦・漢代には神仙思想によって美化され、不老長生の仙女となり、長く女王的存在として民間の尊崇の対象となり今日に至っている。周の穆《ぼく》王や漢の武帝との会見伝説も生じ、魏晋以後に、東王父という神話上の配偶者を得ている。
崑崙は黄河の源とか黄帝の地上の都と言われる伝説上の山であり、ここは西王母の住む西方の楽土でもある。司馬遷の『史記』「大宛列伝」に引く『禹本紀』には「黄河は崑崙山からでる。崑崙山は、その高さ二千五百余里、日月がたがいに避け隠れあって、それぞれの光明を放ち、昼夜を分かつ山である。その頂上には醴泉（甘美な泉）・瑤池（仙人の住む地）がある」とある。[46]司馬遷自身は上の簡潔な引用文を示してはいるものの、その後で「いま、張騫（筆者注：前漢時代の外交家で、西域の知識を中国にもたらした）が大夏に使いしてはじめて、黄河の源をきわめたのである」から「どうして『禹本紀』のいうところの崑崙山など見た者があろうか。……『禹本紀』や『山海経』に記してある怪しい物については、わたしはあえてこれを語らない」として、古い伝説を相手にしていない。[47]しかし司馬遷の引いたところは、崑崙についての神話ないし伝説の中核的な部分だと思われる。
崑崙山に住む西王母については『山海経』に記され、豹尾虎歯の半獣半人の女神と表現されている。彼女のために食物を運ぶ三青鳥だが、『山海経』に注を付した西晋代の郭璞《かくぼく》（二七六〜三二四）によると、「足が三本ある鳥」のことだとされる。[48]これは古代中国の、太陽の中にいるという「三足烏」ではないだろうか。実際に『穆《ぼく》天子伝』には、「西王母は烏や鵲と共に住む」とある。[49]
後世になって、西王母が穆天子と会う話は東王父（東王公、東君）に会う話に変容しているが、東王父とは日神（太陽神）である。『神異経』の「東荒経」には、「東荒の山中に大きな石室があり、東王公が住んでいる。背丈が一丈、髪の毛が真っ白で、人の体、鳥の顔、虎の尾をしている……[50]」という。同じく「中荒経」によれば、昆崙山には天に入るほど高い銅の「天柱」があり山頂には「希有」という大きな鳥がいて、南を向き、左の翼を広げて東王公を、右の翼で西王母をおおっている。西王母はその希有の翼を登って、毎年、東王公に会いにゆくのである[51]。

この神仙思想的な記述は、三青鳥と較べてずっと変容した日神神話ではないだろうか。東王父が東からのぼる朝日、西王母は西に沈む夕日の象徴だろう。実際に、前漢代の東方朔（前一五四〜九三）の『十州記』には「扶桑。東海の東岸にある。太帝（筆者注：天帝のこと）の宮殿があり、太真東王父の支配下にある」とあるという（ここの「扶桑」は神木の扶桑が生えている仙島を指す[52]）。前述の『禹本紀』の崑崙山だが、それは「日月がたがいに避け隠れあって、それぞれの光明を放ち、昼夜を分かつ山」である。おそらくそこは東から昇った日が沈み、日に替って月が出る山ということであろう（現実には日が西に沈むときに西から月が出るわけではない。月は必ず東から出る）が、神話としては納得しうる。

これに関して韓国の王室に伝わる「日月昆崙図」の絵を指摘したい。王の座っている、龍座の裏側を装飾した絵があるが、ここには五つの山といくつかの川（滝）や海（波）が描かれている。その山々の上に日と月が同時に出ているのである。この五山は王の正統性と力を象徴し、日と月は王と王妃を象徴するという。

日月崑崙図（韓国国立古宮博物館蔵）

東王父とペアになっている西王母には七夕伝説が結びついていることは明白である。本書ではこれを論じる余裕はないが、ここでは、西王母が重ねられている織女が天帝の娘の「天女《てんじょ》」であり「天衣」を織っていたこと、そして烏鵲が「天河を埋めて橋を造り、織女を渡らせ」たことに注意しておきたい(53)。

新羅の西岳はたくさんの呼称を持つが、その一つが仙桃山である。『三国遺事』の「駕洛国記」条に、金官伽耶の首露王の妃となった黄玉の話がある。黄玉はインドにあるという阿踰陀《あゆだ》国の出身だが、首露王に会う前に、海から蒸棗《むしなつめ》を求め、天に昇って「蟠《はん》桃」を得た、と言っている。この「蟠桃」とは、王母桃とも呼ばれ、西王母が持つ、三〇〇〇年に一回しか実らない桃のことである。この桃は神仙思想に結びついて長生不死の桃となり、昆崙山にある「玉桃」とか仙桃山に実る「仙桃」とも呼ばれている(54)。

私見だが、仙桃の実る「仙桃山」は新羅の仙桃山と偶然ではない深い関係があると考えられる。

以上、娑蘇神話のルーツを追って中国神話の西王母まで辿りついた。しかし娑蘇が仙桃山の神というだけで「仙桃」の実る「仙桃山」の神である西王母に結びつけるのは、はたして妥当であろうか。こうした問題点の解決のために『三国遺事』の別の記事に注目してみたい。

それは前述した「仙桃随喜仏事」条で、娑蘇が諸天界の仙女たち、すなわち天女たちに羅《うすぎぬ》（または霓裳《げいしょう》）を織らせ、それを緋色に染めて朝衣を作って、自分の夫に贈った、という記事である。もし娑蘇がほんとうに新羅国の始祖女神であったなら、この糸紡ぎや機織りとの関係をどう解釈すればよいのだろうか。一般に神話学では、そうした女性特有とされた仕事は、いわば超自然的な力を持つ女神や祭司（ないし巫女）が人間の運命をいわば糸を紡いで織りあげる仕事と同一視する。例えばギリシア神話のモイラ、マヤ神話の女神イシチェルはそうした女神であり、キリスト教の図像では聖母マリアは糸巻き棒を手にした姿で描かれることが多いという。(55)ここに追加するなら、日本の始祖女神アマテラスも機織りと結びついていると言える。『古事記』「天石屋戸」条に、アマテラスは「神御衣」（神に奉る衣服）を織っていた、と記されている。

『三国遺事』の娑蘇の「讃」にあるように、本当に彼女が道教神話の最高神である「玉皇」ならば、それはキリスト教の神母や神道の皇祖神と同じレベルであり、中国の女仙の最高神である西王母と結びつけられてもおかしくはないだろう。その西王母が七夕伝説の織女（天女、天帝の娘）と神話的にいわば融合しているならなおさらのことである。日本では七夕の日に裁縫の上達を願って行う「乞巧《きっこう》」があるが、これは唐代の書物に出ている民間の行事だという。(56)

また娑蘇が新羅の始祖女神であるならば、彼女が天女に織らせて、それを緋色に染めてその夫に贈ったという朝衣（朝服）はきわめて大切にされてきたはずである。その「夫」というのは、おそらく特定の人間ないし王ではなく神または天帝そのものだと思われるが、彼女の織ったものは何らかの形で残り、それはずっと王室に伝えられてきたに違いない。こうした国宝級の衣類を『三国遺事』の中に探すと、「紀異篇」中の「延烏郎細烏女」と「天賜玉帯」との条において、これを見出すことができる。つまりそれは、細烏女が「日本」で織ったらしい「細綃《さいしょう》」（上等のきぎぬ）と、第二六代新羅王、眞平大王に天使が与えたという「長い玉帯」である。前者は国宝として「貴妃庫」に、後者は高麗の「内庫」にそれぞれおさめられたという（細烏女と細綃については後述する）。

玉帯は娑蘇が織ったとは書いてはなく、ただ眞平大王が即位した年（五七九年）に、天使が宮殿の庭に降りてきて、天帝から渡すように命じられたと言って大王に贈ったものである。以後、王たちは大きな祭祀（天地の祀と祖先の祭である「郊廟」）のときは、必ずこの金で刻み玉で飾った腰帯をしめた。これは新羅の三宝の一つと言われ（あとの二つは皇竜寺の丈六尊像と九重塔）、新羅の最後の王である、第五六代敬順王が、九三七年に高麗太祖の王建に献上した腰帯である。太祖は受けて内庫におさめたという。

このように見ると、この国宝は娑蘇の織った玉帯と断定してもよいと思われる。しかし西王母伝説と娑蘇を結びつける他の要素をもう一つ考えてみたい。

それは織物と密接に関係する絹・蚕・桑がテーマになる中国の神話・伝説である。絹の道《シルクロード》は中国から西方へ絹を運んだので命名された道である。絹の生産と織物の歴史は前三〇〇〇年代半ばの中国に始まるとされる。当然、古代の韓国や日本でも養蚕業は早くから伝わり、国の重要な産業となった。『三国史記』には新羅第五代王の婆娑王（即位は西暦八〇年とされる）は「農業と養蚕を奨励した（勧農桑）」とある。(57)

中国の神話・伝説の中で絹や桑を探れば、すぐに思いつくのは「扶桑」である。韓国は日本と同様に、中国から見て東方に属することを考え合わせると、太陽がそこから昇ってくるという、桑の木のような神木である「扶桑」は、韓日では特別な意味を帯び、事実「扶桑〔国〕」は日本の異称である。前に少し触れたように、扶桑山という扶桑の生える仙島が東の大海の東海にあり、ここを東王父が支配するという。そこはまた太陽の母の住み処ともされ、太陽は生まれると、その母に水浴びさせられて扶桑の木の枝から一個ずつ一〇個昇ってゆく。

太陽の母は、東王父とは別の神話に出てくる羲和《ぎわ》である。羲和は、殷や周の始祖（殷の契《せつ》、周の后稷《こうしょく》）の神話的な祖神とされる帝嚳《ていこく》（または帝俊《ていしゅん》）の妻である。羲和は日を一〇個（「十日《じゅうじつ》」）生み、帝嚳のもう一人の妻である常羲は月を一二個生んだ。常羲は神話的に変容して月の神、常娥《じょうが》（姮娥《こうが》ともいう）として知られている。なお帝嚳は、古代中国の東方にいた民族が伝えた上帝とされ、これを古聖王の舜と同一視する考えがある。(58)帝嚳はもとは日月の天神として生まれたが、後に歴史化され人間の王、舜になった、それゆえ舜は太陽神である、と言われている。

道教の神仙、東王父は太陽神である。出石誠彦によれば、太陽神説話の解明に必要な三つの要素は、日の出、日の運行、日の入りだという。(59)ここで日の出に結び付くのは東王父であり、羲和は、古代ギリシアのヘーリオス（Helios）のように、太陽の馬車を駆って空を渡り、日の運行を支配する「日御」と考える説もある。(60)

問題は日の入りであるが、前述したように司馬遷の『史記』に引用された『禹本紀』の崑崙山の記述に注意したい。崑崙が単に西方にあり、西王母が住むから、日の入りは西王母に結び付くというのは短絡にすぎる。「日月が互いに避け隠れあって、それぞれの光明を放ち、昼夜を分かつ山」という表現からは、日没や夜だけでなく、夜明け前や日の出にも関係する山というふうにも読める。実際に「崑崙」は、高い山一般をさし、西方の崑崙だけではなく東南方の崑崙もあるという。(61)例えば北魏代の『水経注』は「東海の方丈には崑崙の称もある」ことを指摘しているという。(62)

今述べた「東海の方丈」とは三神山の一つであり、他の二つは瀛洲《えいしゅう》と有名な蓬莱《ほうらい》である。これらの三つの山は不老不死の薬があるという伝説の神仙島である。『史記』「秦始皇本紀」には、始皇帝が現在の山東省の東海岸を巡幸中に、斉《せい》の国の方士、徐市《じょふつ》に三神山を探させた記事が載っている。(63)蓬萊山の位置は渤海湾に面した山東半島のはるか東方の海中だと言われているが、徐市はそれを見つけることはできなかった。いずれにせよ、この蓬萊や方丈という高い島山も崑崙〔山〕と称したのである。

『禹本紀』では昆崙山には醴泉と瑤池があったと述べている。『山海経』「海内西経」では、開明の北に「甘水」があると記されているが、西晋代の郭璞の注によれば、甘水は醴泉のことだという。(64)そしてこの「甘水」については「大荒南経」に、「東南の海の外、甘水のほとりに羲和の国があり。女子あって、名は羲和といい、いまし太陽を甘淵に浴《ゆあみ》させている。羲和は帝俊の妻で一〇個の太陽を生んだ」とある。(65)以上からわかるのは、西王母は日の入りに関係するだけでなく、日の出にも関係し、さらには蓬萊や、日を生む女神、羲和とも関係するということである。東王父（東王公、東君ともいう）や羲和はまぎれもない日神であり、日の出をつかさどるが、西王母もこれらと直接的・間接的に結び付いて日神的要素を自らに摂取していったものと考えられる。もっと言えば、西王母は月の神（月精）の常娥にさえ結び付く。原書が既に漢代に散逸したという古い『帰蔵』（著者、成立年不明）の逸文に、「むかし常娥は西王母の不死の薬を服み、ついに月に奔《はし》って月精になった」とある。(66)

遠回りになったが再び扶桑に戻る。前述の東方朔の『十州記』の記述のほかに、扶桑が東王父と結び付くのは屈原の『楚辞』所収の「九歌」中の「東君」の条である。そこには「暾《とん》として将《まさ》に東方に出《い》でんとして、吾が檻《かん》を扶桑に照らす（赤あかと朝日は東方に出ようとして、扶桑のもとにあるわが宮殿の欄干《らんかん》を照らす）」とある。(67)また扶桑にいる蚕である扶桑蚕についての伝説や、海上の太陽を載せ、宝鶏や金鶏のいる扶桑山についての伝説もある。

羲和が太陽を生むという甘水の「甘淵」については、同じ『山海経』の「湯谷《ようこく》」と同一視され、次のような記述がある。「海外東経」には「湯の谷の上に扶桑あり。ここは一〇個の太陽が浴《ゆあ》みするところ。黒歯北にあり。水の中に大木があって、九個の太陽は下の枝に居り、一個の太陽が（いま出でんとして）上の枝にいる」とある。(68)「大荒東経」には「湯の谷の上に扶木があり、一個の太陽がやってくると、一個の太陽が出てゆく。（太陽は）みな烏を載せている」とある。(69)

以上、仙桃聖母、あるいは西岳の神母としての娑蘇が、神話的に中国の仙女、西王母に結び付く可能性を探り、その可能性がかなり高いことを検証した。娑蘇は中国から「海東」（朝鮮）に来て住みつき、「東国の最初の王」「東神聖母」となった。西王母は「西方」にだけ関係せず、東方にも関係したので、娑蘇が新羅の西岳の神だけでなく、中国より東である「東国」の王、「東神」聖母であっても問題はない。その意味では娑蘇もまた日神的要素を取り込んだ新羅の始祖神と言えるであろう。しかしこれは延烏郎・細烏女説話についても詳しく論じることによって、さらに検証しなくてはならない。朴・昔・金氏に三分されて伝わる新羅の始祖神話は、これに娑蘇神話と延烏郎・細烏女説話を補うことによって、その全体像に接近することができるに違いない。

第三章　古代日本の建国神話に見る天神と日神

この章では韓国の建国神話と比較しつつ、日本の建国神話（始祖・王権神話も含む）における天神や日神信仰の要素とその特性を考察してみたい。日本の建国神話は、高千穂のクジフルの峯への天孫降臨と、それに続く神武東征（あるいは東遷）神話に集約できるであろう。

1　天孫降臨神話――「駕洛国記」神話との類似性

『古事記』（以下『記』と略称）「邇邇芸命《ニニギノミコト》」条の天孫の誕生によれば、天照大御神の子の正勝吾《まさかつあ》勝勝速日天之忍穂耳命《かつかちはやひあまのおしほみみのみこと》が、高木神（別名は高御産巣日神）の娘、万幡豊秋津師比売命《よろづはたとよあきづしひめ》に御合して生まれた子、天津日高日子番能邇邇芸命《あまつひこひこほのににぎのみこと》が天降る。降臨を命じた司令神は天照大御神と高木神の二神、命じられた場所は、筑紫の日向の高千穂の久士布流多氣《くじふるたけ》である。そして、「此地《ここ》は韓國《からくに》に向ひ、笠沙《かささ》の御前を真来通りて、朝日の直刺す国、夕日の日照る国なり。故、此地は甚吉き地」[1]とある（傍線は筆者、以下同様）。

山の峰に始祖が降臨するという神話は古代韓国にもあり、特に伽倻（駕洛）国の始祖、首露王が天降った亀旨峯《クジボン》と高千穂のクジフル峯《たけ》の名称も類似している。『日本書紀』（以下『紀』と略称）「神代」の一書第六には次のような記述が見える。

高皇産靈尊、乃ち眞床覆衾《まとこおふふすま》を用《も》て、皇孫天津彦根火瓊瓊杵根尊《すめみまあまつひこねほのににぎねのみこと》に裹《き》せまつりて、天八重雲《あめのやへたなぐも》を排抜《おしわ》けて降《あまくだ》し奉《まつ》らしむ。故、此《こ》の神を称《まう》して、天國饒石彦火瓊瓊杵尊《あめくににぎしひこほのににぎのみこと》と曰《まう》す。時に、降到りまし処をば、呼《い》ひて日向《ひむか》の襲《そ》の高千穂《たかちほ》の添山峯《そほりのやまのたけ》と曰《い》ふ。(2)

ここでの「高千穂の添山峯」の「添《そほり》」については、前に述べた新羅の国号や始祖生誕の聖林を表す「徐那伐」「徐伐」と同音と思われる。

さらに『紀』「神代」の本文に見える、瓊瓊杵尊が「真床追衾」に覆われて天降ったというところは、首露王が黄金の合子（箱）に入って紅色の布に包まれて山上に降りたという筋と一致している。これは多くの論者が指摘していることである。

高皇産靈尊《たかみむすひのみこと》、眞床追衾《まとこおふふすま》を以て、皇孫天津彦彦火瓊瓊杵尊《すめみまあまつひこひこほのににぎのみこと》に覆《おほ》ひて、降《あまくだ》りまさしむ。皇孫、乃ち天磐座《あまのいはくら》 天磐座、此をば阿麻能以簸矩羅《あまのいはくら》と云ふ。を離《おしはな》ち、且天八重雲《またあめのやへたなぐも》を排分《おしわ》けて、稜威《いつ》の道別《ちわき》に道別きて、日向《ひむか》の襲《そ》の高千穂峯《たかちほのたけ》に天降《あまくだ》ります。(3)

ところで、「日向」を九州のどこに比定するかという議論が絶えない。しかし日向は地名ではなく、日に向かう、ないし日に向いた方向を示すことばではないかという指摘もある。『延喜式』の神名帳には、日向神社（山城国宇治郡、近江国犬上郡）、大和日向神社（大和国添上郡）の例があり、

日向は「ヒムカヒ」と読まれている。和田萃は「日向」の語は日神祭祀と関係があるだろうと指摘している。(4)

何よりも韓国との関係を密接に示すのは、降臨地が「韓国に向ひ」という語句（『紀』は「空国」とぼかしている）であろう。そればかりでなく降臨地の高千穂のクジフル峯は「朝日」と「夕日」が共にきれいに見える地、ということも重要である。なぜなら日神、天照大神の子孫は太陽の崇拝者であるはずだからである。

天降った番能邇邇芸命（『紀』では、火瓊瓊杵、以下ホノニニギとする）は日向の高千穂峯に天降って、大山津見神の娘、木花之佐久夜毘売をめとって天津日高日子穂穂手見命（または火遠理命）つまり山幸彦を生んだ。はじめ、木花之佐久夜毘売は山幸彦を身ごもると、一夜だけで妊娠してしまったので、ホノニニギノに疑われた。以下はそのときの木花之佐久夜毘売のふるまいである。

「吾が妊みし子、もし国つ神の子ならば、産むこと幸《さき》くあらじ。もし天つ神の御子ならば、幸くあらむ。」とまをして、すなわち戸無《とな》き八尋殿《やひろどの》を作りて、その殿の内に入り、土をもちて塗《ぬ》り塞《ふた》ぎて、産む時に方《あた》りて、火をその殿に著けて産みき。故、その火の盛りに焼《もゆ》る時に生める子の名は、火照命《ほでり》。こは隼人阿多君の祖。次に生める子の名は、火須勢理命《ほすせり》。次に生める子の御名は、火遠理命《ほをり》。亦の名は天津日高日子穂穂手見命《あまつひこひこほほでみ》。(5)

これは、木花之佐久夜毘売が産屋の火の中で子を生む場面である。国つ神を父とする子なら無事ではあるまいが、子が無事に産まれれば、夫のホノニニギの子である証拠だという。

その時生まれた子、後に神武の祖父になる天津日高日子穂穂手見命（火遠理命）の「穂穂」を稲穂と考える者が多い。しかし「穂＝ほ」は、「火」や「炎」も「ほ」と発音されることに注意したい。事実、「火照命」の「火」も「ほ」である。「日高＝ひこ」と「日子＝ひこ」の「日＝ひ」は天の火と考えられるから、「日」と「火」は同じような意味を持つと言えるだろう。このように見るなら、神武天皇の遠祖に日神的要素を認めうるであろう。

また、火遠理命のもう一つの別名、山幸彦は、海神のむすめ、豊玉毘売《とよたまびめ》と結婚し、妻は子を身ごもる。そしていよいよ子が生まれそうになった時、妻は夫に子を産む自分の姿を見ないようにと頼む。しかし夫はその言葉を怪しく思い、妻の子を生む姿をのぞき見してしまう。本来の姿であるワニに戻って子を生んでいた妻は、夫ののぞきに気がつき、子を生み置いたまま海に逃げてしまう。その時生まれた子が、天津日高日子波限達鵜葺草葺不合命《あまつひこひこなぎさたけうがやふきあへず》（以下、フキアエズとする）である。後に、フキアエズは母親の妹、玉依毘売《たまよりびめ》によって育てられる。それからフキアエズは、自分を育ててくれた叔母、玉依毘売と結婚し、四人の子を生む。第一子は五瀬《いつせ》命、第二子は稲氷《いなひ》命、第三子は御毛沼《みけぬ》命である。第四子として、若御毛沼《わかみけぬ》命、すなわち神倭伊波禮毘古《かむやまといはれびこ》命が誕生するが、この第四子が神武天皇となるのである。この系図を左に示そう。

この神武の出自を示す系図であるが、神武生誕にもまた古代韓国、特に朱蒙神話や新羅の始祖

番能邇邇芸命（火瓊瓊杵尊）――木花之佐久夜毘売
穂穂手見命（火遠理命　山幸彦）――豊玉毘売（海神の娘）
波限達鵜葺草葺不合命――波限達玉依毘売草葺不合命（豊玉毘売の妹）
神倭伊波禮毘古命（神武天皇）

神話と類似する点が少なくない。韓国に多く見られる卵生的要素は見当たらないが、祖先の名に付く「日子」や、その妃が海（水）にちなむことは同じパターンと言えよう。なぜなら韓国神話の天孫、朱蒙の母は河神であり、新羅の初代王〔朴〕赫居世の妃は井戸の水神とされているからである。

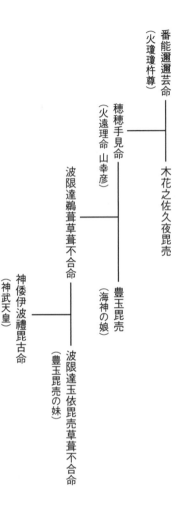

2　神武天皇の東征（東遷）神話――「日下」の戦いとニギハヤヒの日神的性格

神武天皇は九州から東に向かって出発して、瀬戸内海の各地にとどまったあと河内国の草香村（日下《くさか》村）に着く。そこで那賀須泥毘古（別名は登美毘古、『紀』では長髄彦、以下ナガスネヒコとする）の抵抗にあう。ナガスネヒコは神武より先に天神の御子、饒速日《にぎはやひ》（『記』では邇藝饒速日命、以下ニギハヤヒとする）が天磐船に乗って天降っているという事実を明かす。

> 時に長髄彦、乃ち行人《つかひ》を遣《まだ》して、天皇《すめらみこと》に言して曰《まう》さく、「嘗《むかし》、天神《あまつかみ》の子《みこ》有《ま》しまして、天磐船《あめのいはふね》に乗りて、天《あめ》より降《ふ》り止《い》でませり。号《なづ》けて櫛玉饒速日《くしたまにぎはやひ》命……と曰《まう》す。是吾が妹三炊屋媛《いろもみかしきやひめ》……を娶《と》りて、遂《つい》に児息《みこ》有《あ》り。名をば可美真手命《うましまでのみこと》……と曰す。故《かれ》、吾《やつかれ》、饒速日命を以《も》て、君として奉《つか》へまつる。夫《そ》れ天神の子、豈《あに》両種《ふたはしら》有《ま》さむや。奈何《いかに》ぞ更に天神の子と称《なの》りて、人の地《くに》を奪《うば》はむ。吾《やつかれ》心に推《おしはかりみ》るに、未必為《いつはり》信ならむ」とまうす。(6)

このニギハヤヒであるが、記紀ではその実像がかなりぼかされている。ニギハヤヒは古代の有力豪族、物部氏の祖とされ、物部氏が編んだと言われる『先代旧事本紀』が存在するが、この書は偽書だとも言われてきた。しかし『先代旧事本紀』も最近では史料として見直されつつあるから、ニギハヤヒは重要な人物である。

神武は畿内（河内）に初めて王権をうちたてた人物ではない。記紀は畿内へのニギハヤヒの一種の天孫降臨を、右の読み下し文のように記述しているが、『紀』「神武天皇」条と『先代旧事本紀』「天神本紀」にはニギハヤヒの天降りが詳述されている。

抑又《はたまた》、塩土老翁《しほつつのをぢ》に聞き。曰《い》ひしく、「東《ひむがしのかた》に美《よ》き地《くに》有り。青山四周《あをやまよもにめぐ》れり。其の中に亦、天磐船《あまのいはふね》に乗りて飛び降る者有り」といひき。余謂《われおも》ふに、彼《そ》の地《くに》は、必ず以《も》て大業《あまつひつぎ》を恢弘《ひらきの》べて、天下《あめのした》に光宅《みちを》るに足りぬべし。蓋《けだ》し六合《くに》の中心《もなか》か。厥《そ》の飛び降るといふ者は、是饒速日《にぎはやひ》と謂ふか(7)。

これは、塩土老翁(8)が、神武の天皇即位前の時代に、東方にはよい国があると教える場面である。しかし、すでにニギハヤヒが降臨したと告げる。次は、神武天皇（三一年目）が丘に登って眺めながら自分の国について感想を述べる場面だが、そこで神武天皇はニギハヤヒの降臨を認めている。

饒速日命《にぎはやひのみこと》、天磐船に乗りて、太虚《おほぞら》を翔行《めぐりゆ》きて、是の郷《くに》を睨《あせ》りて降《あまくだ》りたまふに及至《いた》りて、故《かれ》、因りて目《なづ》けて、「虚空見《そらみ》つ日本《やまと》の国《くに》」と曰《い》ふ(9)。

また以下の、『先代旧事本紀』「天神本紀」では、ニギハヤヒは天神を祖としている。

> 饒速日尊、天神御祖の詔を禀《う》け、天磐船に乗りて河内国河上の哮峰《いかるがのみね》に天降り坐《いま》し、則ち、大倭国鳥見白庭山《とみのしらにわのやま》に遷り坐す。所謂《いわゆる》天磐船に乗りて大虚空《おおぞら》を翔《かけ》り行き、是の郷《さと》を巡り睨《み》て天降り坐す。謂《い》はゆる虚空見日本国《そらみつやまとのくに》とは是與《これか》。饒速日尊便《すなわ》ち長髄彦《ながすねひこ》の妹御炊屋姫《みかしきやひめ》を娶《めと》り、妃《みめ》と為《し》て姙胎《はらま》しめたまふ。未だ産《こう》む時に及ばざるに、饒速日尊既に神《かみ》殯《さ》り去り坐《ま》して、復た天に上りたまはざる時、高皇産霊尊《たかみむすびのみこと》、速飄《はやちの》神に詔して曰はく、吾が神御子饒速日尊を葦原中国に使はせり、而るに疑ひ思ふこと有り、故れ汝能《よ》く降りて復《かえ》りごと白《まお》すべしと。(10)

神武天皇はニギハヤヒの義兄であったナガスネヒコの抵抗に遭ったものの、結局は禅譲によって大和に王権を確立する。ここで問題なのは、神武とニギハヤヒの系図的な関連である。『先代旧事本紀』では、ニギハヤヒはアメノオシホミミの子供とある。このアメノオシホミミは、アマテラスが天の安の河でスサノオと誓う時に生んだ五柱の一人、正勝吾勝勝速日天之忍穂耳命《まさかつあかつかちはやひあめのおしほみみのみこと》のことである。『記』ではアメノオシホミミの子供は、天孫降臨したホノニニギノミコトと、その兄、天火明命《あめのほあかりのみこと》と記されている。天火明命は、『紀』「神代」下の一書第八では天照国照彦火明命《あまてるくにてるひこほのあかりのみこと》と記されている。

天火明命については、記紀ともに、尾張連らの祖先と認めている存在であり、その名も天火明命とも天照国照彦天火明命とも呼ばれている。国学者、鈴木重胤は「ホアカリ」を「光《ひかり》」の古語と解しているし、アマテル・クニテルは「天地を照らす」という意味の語であることは自明である。天照大神の「天照」と無関係でなく、日神の子孫を示唆すると思われる。

多くの研究者によれば、これはニギハヤヒに他ならないが、記紀にはニギハヤヒのフルネームが現れていない。フルネームは『先代旧事本紀』「天孫本紀」に初めて出てくる。それは「天照《あまてる》国照彦天火明櫛玉饒速日尊《くにてるひこあまのほあかりくしたまにぎはやひのみこと》」であり、河内国の河上哮峯《たけるがのみね》に天降ったとある。ここでは、ニギハヤヒを天照大神とは異なる一つの男性型の太陽神と理解しておきたい。

次に、神武の軍、とニギハヤヒの義兄ナガスネヒコ（『記』では登美毘古《とみびこ》）の軍との日下での戦いで、神武の兄、五瀬命《いつせのみこと》が語る場面を見よう。

吾《あ》は日《ひの》神の御子として、日に向かひ戦ふこと良《よ》からず。故、賤《いや》しき奴《やつこ》が痛手《いたで》を負ひぬ。今より行き廻《めぐ》りて、背《そびら》に日を負ひて撃たむ。[11]

後に、五瀬命に流れ矢が当たった。たちまち神武の軍は動揺してしまった。その有様を見た天皇は嘆き、はかりごとをめぐらせる。『紀』にはこう記されている。

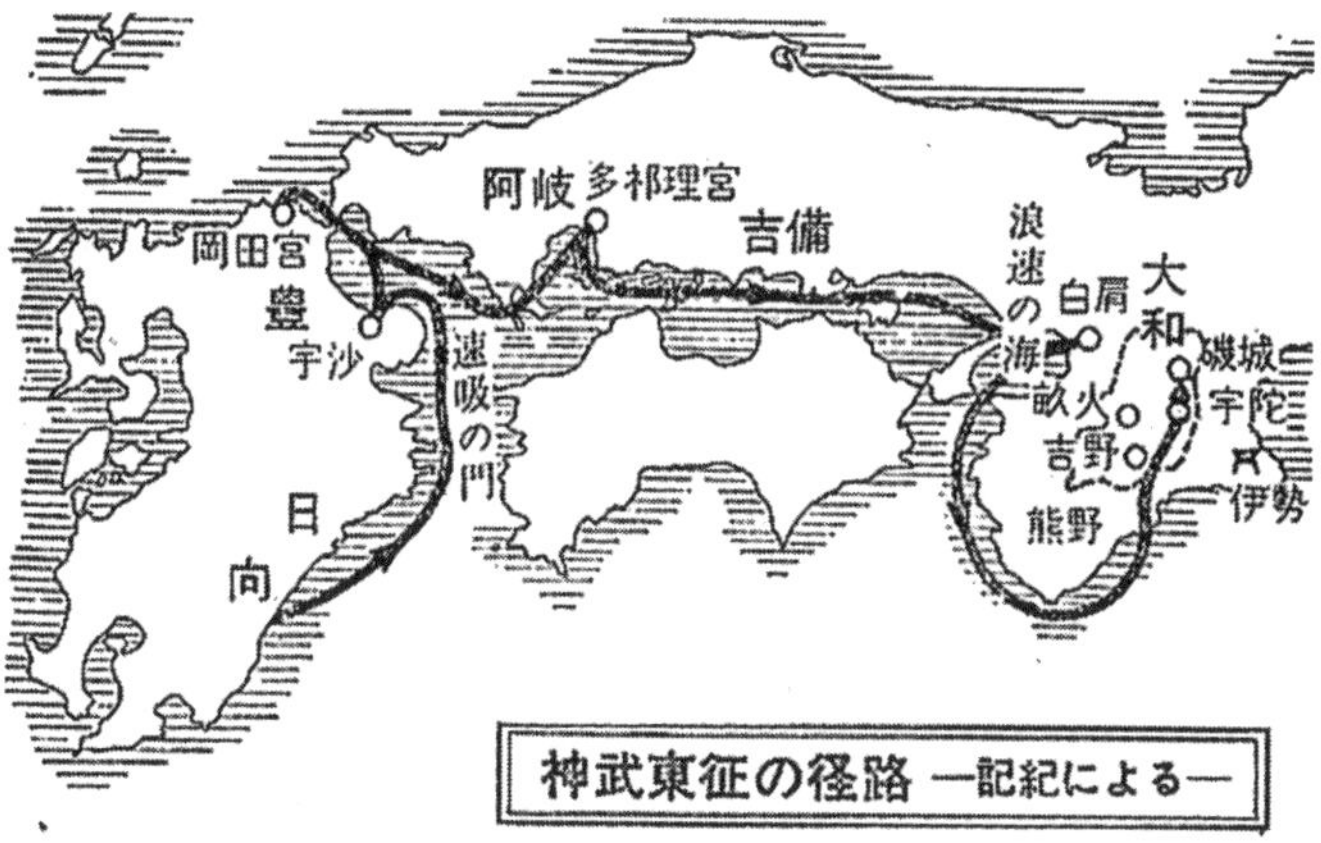

〈桜井光堂著『古事記は神話ではない』(秋田書店、1970年)より転載〉

今我は是日神《ひのかみ》の子孫《うみのこ》にして、日《ひ》に向ひて虜《あた》を征《う》つは、此天道《あめのみち》に逆《さか》れり。若《し》かじ、退き還りて弱きことを示して、神祇《あまつやしろくにつやしろ》を礼《ゐや》び祭《いは》ひて、背《そびら》に日神の威《みいきほひ》を負《お》ひたてまつりて、影《みかげ》の随《まにま》に圧《おそ》ひ躡《ふ》みなむには。此《かく》の如《ごと》くせば、曾《かつ》て刃《は》に血《ちぬ》らずして、虜《あた》必ず自《おの》づからに敗《やぶ》れなむ。(12)

またもう一人の兄、稲飯命が熊野の海上で暴風に遇って水死する場面で、「嗟乎《ああ》、吾が祖は天神《あまつかみ》、母は海神《わたつみ》なり。如何ぞ我を陸に厄《たしな》め、復我を海に厄むや」と記され、さらに三毛入野命は「我が母《はは》及び姨《をば》は、並《ならび》に是海神《わたつみ》なり。何為《いかに》ぞ波《なみ》瀾を起《た》てて、灌溺《おぼほ》すや(13)」と叫びながら常世に渡る。

以上のように、日下の戦いで神武天皇と神武の兄たちの言葉、「我は是日神の子孫」「吾は日神の御子」「吾が祖は天神、母は海神なり」「我が母及び姨は、並に是海神なり」などの表現は、韓国の朱蒙神話を想起させる。これらの記述には神武の一族が日神（ないし天神）の子であること、そして母や叔母が海神の娘であることが明確に示されている。朱蒙神話でも、朱蒙（東明王）は日神（天帝、天神とも）の子、河の神の外孫だとされているので、構造的に共通している。

3　八咫烏――ハンガリー建国神話や中国の文献に見られる烏の先導

神武天皇の東征神話の中では、先導神《みさきがみ》として八咫烏《やたがらす》が現れる。金色の鵄《とび》とも記され、『記』では高御産巣日神（高木大神）、『紀』では天照大神の使者となっている。

ここにまた、高木大神の命もちて覺《さと》し白《まを》しけらく、「天つ神の御子をこれより奥つ方にな入り幸《い》でまさしめそ。荒ぶる神甚多《いとさは》なり。今、天《あめ》より八咫烏《やたがらす》を遣《つか》はさむ。故、その八咫烏引道《みちび》きてむ。その立たむ後《あと》より幸行《い》でますべし。」とまをしたまひき。故、その教へ覺しの随《まにま》に、その八咫烏の後《あと》より幸行《い》でませば、吉野《よしの》河の河尻に到りましし時、……其地より蹈み穿《うか》ち越えて、宇陀《うだ》に幸行でましき。故、宇陀の穿《うかち》と曰《い》ふ。[14]

時に夜夢《よるゆめ》みらく、天照大神、天皇に訓《をし》へまつりて曰《のたま》はく、「朕今頭八咫烏《あれいまやたのからす》を遣《つかは》す。以《も》て郷導《くにのみちびき》としたまへ」とのたまふ。果して頭八咫烏有りて、空《おほぞら》より翔《と》び降る。天皇の曰はく、

「此《こ》の烏《からす》の来ること、自《おの》づからに祥《よ》き夢に叶《かな》へり。大きなるかな、赫《さかり》なるかな。我が皇祖《みおや》天照大神、以て基業《あまつひつぎ》を助け成さむと欲《おもほ》せるか」とのたまふ。是の時に、大伴氏《おほとものうぢ》の遠祖《とほつおや》日臣命《ひのおみのみこと》、を帥《ひき》ゐて、元戎《おほつはもの》に督将《いくさのきみ》として、山を蹈《ふ》み啓《みちをわ》け行きて、乃《すなは》ち烏の向ひの尋《まま》に、仰《あふ》ぎ視《み》て追ふ。遂に菟田県《うだのしもつこほり》に達《とほりいた》る。(15)

八咫烏は、古代では神意を伝達する霊鳥と考えられたが、『大言海』は八咫烏を「日ノ中ニ居ルト云フ三足ノ烏」と記している。(16) 島根県の美保神社には、太陽の中にいる三本足の八咫烏を描いた絵がある。また、福岡県浮羽郡の珍敷塚古墳の壁に描かれた太陽の船らしい図画にはカラスらしき鳥が見える。

烏を日神のシンボルとする考えは古代中国にも見られる。前にも挙げた『楚辞』や『淮南子』には九烏の話があり、この九烏は九個の太陽、あるいはその中にいる九羽の烏のことである。後漢代の王充（二七〜九七?）の『論衡』にも「日のなかに三足烏がいる」と記されている。また、特に周の時代には、烏は太陽になぞらえた皇帝のシンボルでもあったといわれている。

なお、前述の新羅の昔氏神話に出て来る鵲《かささぎ》は日本で「高麗鴉」「朝鮮鴉」「烏鵲《うじゃく》」といわれているように、(17) 烏の一種である。韓国ではふつうに見られる鳥でカチ（까치）と呼ばれている。昔氏の鵲も先導神または霊鳥と見なしうるかもしれない。

「烏」は、古代中国に見える「太陽の中の三足烏」や、また日本の日神アマテラス（あるいはタ

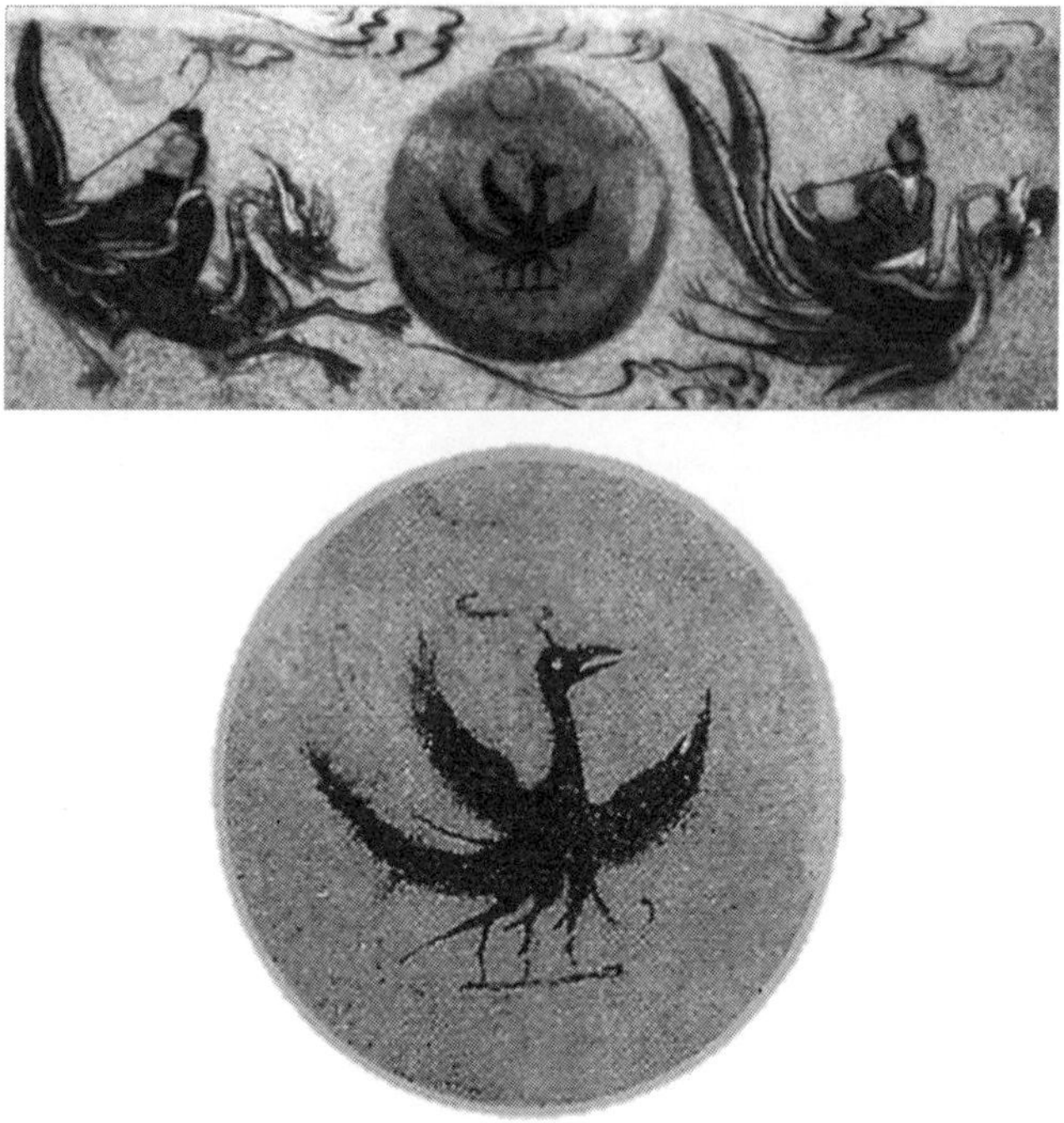

高句麗時代の古墳壁画の三足烏・下図は拡大したもの

カミムスヒ）の使者としての八咫烏のように、太陽のシンボルであろう。今日、中国吉林省や北朝鮮で発掘された高句麗時代の幾つかの壁画から、鮮明に描かれた三足烏を見ることができる。

ところで中国の文献にはこうした先導神としての烏の説話や伝説があるのだろうか。福島秋穂の論文「カラスが人を先導する話」[18]によれば、六世紀初頭には完成していたという『拾遺記』の巻三の中に、春秋時代の呉越の争いのさい、越王の勾践（?～前四六五、句践ともいう）が呉国に攻め

韓国江原道原州市の法泉寺智光国師（984 ～ 1070）玄妙塔碑の三足烏（国宝第五九号）

入ったときのことを、「初越王入國有丹烏夾王而飛故句踐入國起望烏臺言丹烏之異也」（傍線は筆者）と述べる個所があるという。

「夾」には「はさむ」という意味のほかに「左右にある」ことも示す、と福島は述べ、越王は左右を丹烏（赤いカラス）に挟まれる形で呉に入ったという伝承が、中国の長江下流域一帯にあったのではないかという。[19] もっとも、『拾遺記』に校注を施した齊治平が、この伝承を、『史記』に見える「赤烏之符」（周の武王に赤烏の現れた瑞兆）を踏まえたものではないか、と考えたことも紹介されている。

しかし武王の場合はたんに赤烏は「符」（めでたいしるし）として出現したにすぎないのに対して、越王の場合は丹烏があたかも越の軍隊を先導するかのように、勾踐の左右にあって彼を狭み飛んでいることを、福島は重視する。そしてこの伝説が記紀の八咫烏の話の起源ではないかと主張している。[20]
福島は同様の話を、北魏の第六代皇帝孝文帝（四六七〜四九九）や後漢の光武帝（前六〜後五七）の伝承の中から漢籍に基づいて指摘している。福島は、人間が高所に立てば遠くまで見渡せるという知識や、鳥は空高く飛んで迅速に誤りなく目的地に到達できるとする認識は、自然に人間に獲得されるので、鳥と太陽の関係を認める考えが、中国人に教えられたものか、日本で発生したものかは俄には決め難いとしつつも、中国から伝えられたとするのが穏当と結論づけている。[21]
ところで、ハンガリーはマジャール族が九世紀末に建国した国である。マジャール族はウラル・アルタイ語族系の民族であり、周囲のスラブ民族やゲルマン民族の圧力に屈することなく独立を保ってきた。岡正雄は、マジャール族の象徴はトゥルル（turul）という鵟《とび》のような猛禽であるとして、次のように述べている。

マジャール族がアルパートの統率のもとにボルガ川の地方から行動を起して、カルパチヤ山脈を越えてハンガリアの平原に入ろうとする時、猛風雪に襲われ、軍は疲労困憊《こんぱい》して進むことができなくなった。この時トゥルルという鳥が現われ、軍隊は再び元気を恢復し、この鳥に導かれてハンガリアの地に進み、めでたく建国し、アルパートはハンガリア王国の第一代の王となった。爾来《じらい》トゥルルはハンガリア王国あるいはマジャール族の象徴として神聖な鳥と教えられてきた。この神話はその内容、構成において、全く古事記や日本書紀に語られている、神武天皇の建国神話と一致するのに驚く。……日本書紀では、この八咫烏の他に、また金の鵄が、神武東征神話に一つの役割を果たしている。この東・西二つの建国神話は、偶然の一致なのか、あるいは両者の間に歴史的・種族的・文化的な何らかの関係があるのか。偶然の一致として、簡単に片づけることはできないし……。中央アジアに住むフィノ・ウグリア系、トルコ系、蒙古系の、いわゆるウラル・アルタイ系の諸種族の間には、鵄とか鷹とか鷲とか、猛禽が王朝の起源あるいは王家と深く関係している神話や伝説は少くなく、日本とハンガリアの建国神話も、このウラル・アルタイ諸族の神話圏に発するものではないだろうか、という私の想定も無理ではないと思う。[22]

ハンガリーの建国神話において、困難に陥った軍隊を鳥が先導する話は日本の神武東征時の八咫烏の活躍と類似点が多く、興味をそそられる。特に、ハンガリーはいわゆる南ロシアに移住したウラル・アルタイ語系民族出身の人物によって建てられた国であったという点は注目できよう。チンギス＝ハーンが王位についたさいに、鳥が飛んで来て「チンギス、チンギス」と鳴いたので、これを瑞兆として彼にチンギスという称号を賜ったという説話[23]や、またタタール族の「オンゴン」という一種の犠牲獣ないし偶像が鷲や鷹であったというドーソンの指摘[24]も先導神との関係で興味ぶかい。

第四章　古代日本の民俗信仰における天神と日神

第三章では、初代天皇の神武の東征（遷）と、大和入りした後の日神祭祀について論じた。そこで日本の皇祖神である天照大神についても考察したが、その考察は崇神・垂仁天皇の時代の大和の三輪山周辺の祭祀に限られたので十分ではなかった。

本章では、記紀の高天原神話や伊勢神宮に祀られた天照大神、さらには記紀がもう一人の皇祖神ないし最高神だと暗示しているように見える高御産巣日神について考察したい。このさい、天照大神に関しては伊勢地方や沖縄の民俗的な日神信仰、高御産巣日神については対馬地方の同様の日神信仰もあわせて論じてゆく。

1　アマテラスと伊勢の日神信仰

日本の皇室の始祖神は言うまでもなく日神、天照大神（以下、アマテラスと略称することもある）である。記紀に記されているように、高天原から天孫を降臨させ、神武天皇を天から支えて大和へ東遷させたのはアマテラスだからである。やがてアマテラスは伊勢神宮の内宮に祭られるようになり、現在に至っている。

けれども皇祖神が本当にアマテラスなのかについては、学界でもしばしば疑義が呈され論争が起こっている。岡正雄は一九五七年の座談会『日本民族の起源』で、高天原から司令した神は、アマテラスだけでなく高御産巣日神（以下、タカミムスヒと略称することもある）もおり、日本の建国・王権神話は二重構造になっていることを指摘している。岡正雄によれば、南方系の海洋型日神であるアマテラス神話と、北方系の垂直型天神であるタカミムスヒ神話とが重なっているという。(1)

近年では、溝口睦子の著作『王権神話の二元構造』がこの二元性を文献資料に基づいて総合的に分析し、皇祖神はタカミムスヒであったと結論づけている。溝口の研究や他の研究成果も踏まえて、本章ではアマテラスとタカミムスヒについて、二神の日神的要素と天神的要素を分析したい。

（1）伊勢の太陽崇拝——猿田彦

アマテラスが祭られる以前から伊勢には海洋型の太陽信仰が盛んで、原アマテラス信仰とも言うべき猿田彦伝説が存在した。記紀や『風土記』に見える猿田彦は、ホノニニギノミコトの天孫降臨の時の先導神として華々しく登場する。その様子は以下のようである。

已にして降《あまくだ》りまさむとする間《ころ》に、先駆《さきはらひ》の者還《かみかへ》りて白《まう》さく、「一《ひとり》の神有りて、天八達之衢《あまのやちまた》に居《を》り。其の鼻の長《なが》さ七咫《ななあた》、背《そびら》の長さ七尺《ななさか》余り。当《まさ》に七尋《ななひろ》と言ふべし。且口尻明《またくちわきあか》り耀《て》れり。眼は八咫鏡《やたのかがみ》の如《ごと》くして、絶色赤酸醤《てりかかやけることあかかがち》に似《の》れり」……「天神の子は、当に筑紫《つくし》の日向《ひむか》の高千穂《たかちほ》の槵触峯《くじふるのたけ》に到りますべし。吾は伊勢《いせ》の狭長田《さなだ》の五十鈴《いすず》の川上に到るべし」……皇孫、是《ここ》に、天磐座《あまのいはくら》を脱離《おしはな》ち、天八重雲《あめのやへたなぐも》を排分《おしわ》けて、稜威《いつ》の道別《ちわき》に道別きて、天降ります。果に先の期《ちぎり》の如《ごと》くに、皇孫をば筑紫の日向の高千穂の槵触峯に至ります。其の猨田彦神は、伊勢の狭長田の五十鈴の川上に到る。(2)

ここでは明らかに太陽神的な多くの特徴が見られる。それとともにここで重要なことは猿田彦が伊勢神宮のある五十鈴川上に向うことである。

また『記』「邇邇芸命」条には、猿田彦が阿那河《あざか》（三重県壱志郡）の海岸で漁をしていた時に、比良夫貝《ひらぶ》（この地方では月日貝《つきひがい》と呼ばれる）に手をはさまれて海水に溺れた様子が記してある。さらには奈良と伊勢の間にある伊賀の国の風土記逸文には、

伊賀の郡。猿田彦の神が始めこの国を伊勢の加佐波夜《かざはや》（風速）の国につけ、そして二十余万歳の間この国を治めていた。猿田彦の神の女吾娥津媛《むすめあがつひめ》命は日神の御神《みかみ》が天上から投げ降しなさった三種《みくさ》の宝器のうち、黄金の鈴を受領してお守りになった。……後に伊賀と改めたのは吾娥という発音が転訛したものである。(3)

以上から、猿田彦は元来、伊勢地方一帯で、漁民や農民に広く信仰されていた太陽の人格化さ

れたものではないかという想定ができると思う。

『アマテラスの誕生』という研究書で注目された、郷土史家、筑紫申真は、伊勢の豪族、度会《わたらい》氏について、こう述べている。南伊勢地方には元来、自然神に近い太陽への崇拝があり、南伊勢の宮川下流域は度会県と呼ばれ、地方豪族の県主の度会氏が、磯部（伊勢部、石部）と呼ばれる漁民たちを、朝廷に代わって支配・管理していた。そして外宮（豊受《とゆけ》神宮）の実務を掌握した禰宜《ねぎ》であった、度会氏の先祖は、天日別命《あめのひわき》とか天日鷲命《あめのひわし》と言われ、日神信仰に関係していたのではないか、という。(4)

筑紫は度会氏のほかにも、宇治土公氏《うじのつちぎみ》（明治維新まで内宮〈皇大神宮〉の大内人《おおうちんど》として仕えてきた重要な地位を有する神宮家）にも言及し「狭長田《さながた》と古文献に表現されている五十鈴川ばたの細長い水田地帯の、そのいちばん奥地の村が楠部《くすべ》とよばれ、ここが宇治土公のもともとのすみかであったようです」(5)と述べている。

また筑紫は、朝廷に仕えた猿女君（一般に天鈿女の子孫と言われる）が、宇治土公の娘（あるいは「女性」）であり、土公氏がふだん行っていた鎮魂《たまふり》の行事を担当したという。内宮の禰宜を世襲して来た荒木田氏についても、宇治土公氏同様、度会氏の支配下で太陽神を祀ってきたという。(6)

このように猿田彦は、伊勢地方一帯で、アマテラス以前に、度会、宇治土公、猿女君、荒木田氏らの土着豪族兼神官によって祀られていた太陽神であり、それが記紀編纂時に高天原の先導神の地位にまで引き上げられたものである。

松前健も、「日本古代の太陽信仰と大和国家」（『古代日本人の信仰と祭祀』所収）で次のように述べている。

太陽崇拝が、権力によってのみ造作されたものではなく、民間起源のものであることを傍証する資料が多い。天孫降臨に出て来る、顔と尻の赤い、鼻の長大なサルダヒコも、天のヤチマタにおいて光り輝き、眼は八咫鏡《やたのかがみ》のようであった（書紀）と語られ、一種の猿形の太陽神格であったらしい。この神を伊勢の五十鈴川まで送り届け、またその名を負うと伝えられる、猿女君《さるめのきみ》の遠祖アメノウズメは、恐らく、もともと伊勢の地主神としての、原始的太陽神サルダヒコに仕える巫女の神格化であり、この巫女を出す猿女君は、もとは伊勢出身の氏族であったのであろう。(7)

ところで、猿田彦や猿女の「猿」は太陽神と何らかの関係があるのだろうか。『紀』の描写は動物の猿を思わせるところがなくはないが、鼻の長さなどはむしろ象であろう。しかし目を世界に転じるなら、猿と太陽とは照応するところがある。周知のように、古代エジプトの有力な神、トート神は朱鷺《とき》（イビス、英 ibis）の頭を持つ神として表される場合（――この場合の朱鷺は、三日月のように彎曲した嘴のために月の化身と見なされた）と、アフリカ産の大型の猿である狒々《ひひ》として表される場合がある。ジャン＝ポール・クレベール著の『動物シンボル辞典』によれば、「ひひ」

の項に次のように述べられている。

夜明け前に鋭い声で泣くのが特徴。夜明けを知らせているのだと考えられていた。エジプトの『死者の書』には祈禱像の姿で昇る太陽に向かって腕を挙げている図が描かれている。……古くから信じられてきたことによれば、狒々は本来的には神がそのなかに宿る聖なる動物ではなく、太陽が昇って来る丘の生きた化身であり、輝き始める太陽の従者であり、その出現をいわば促す者である。(8)

松村武雄も、中山太郎や南方熊楠が猿と太陽の関係を説くのを引き合いに出したり、またエジプト学者、E・A・W・バッヂ著の『エジプト人の神々』(一九〇四年刊)に言及したりして、ほぼ同様なことを述べている。(9)猿田彦の語源的解釈は他にもいくつかあるが、本書では猿と日神の結び付きを、やはり暁(夜明け)との関連で考えたい。

さて、猿田彦は元来は素朴な、太陽の自然崇拝を人格神に発展させたものと思われるが、伊勢地方はむろん、全国各地に太陽を祀る民俗的信仰より生まれた「アマテル」を冠する古い神や神社が存在したことを指摘する者が多い。たとえば松前健は、「天照神」「天照御魂神」「天照玉命」「天照高日女」などの神を、『延喜式』や『三代実録』などから挙げている。松前はさらに「伊勢の大神も、『アマテラス』という敬称を冠する前に、『アマテル』とも呼んだことがあったことは、神楽歌に、〈天照るや、日霎の神を……〉などと歌われたり……」と述べている。[10]

筑紫申真は以下の八つの式内社を挙げている。つまり①阿麻氏留《あまてる》神社（対馬）②粒坐天照《いいぼにますあまてる》神社（播磨）③天照玉命《あまてるたまのみこと》神社（丹波）④天照大神高座《たかくら》神社（河内）⑤鏡作坐天照魂《かがみつくりにますあまてるみたま》神社（大和）⑥他田坐天照御魂《おさだにますあまてるみたま》神社（大和）⑦木嶋坐天照魂《きじまにますあまてるみたま》神社（山城）⑧新屋坐天照御魂《にいやにますあまてるみたま》神社（摂津）[11]。

これらの古い神社には、筑紫の指摘によれば、祭神がわからないものもあるが、①②③⑤⑧は現存に至るまで一貫して「天火明命」を祭っている。

天火明命は前述したように、神武天皇以前の大和の天孫族の先住民、ニギハヤヒのことである。そうなると、筑紫自身の次のような推論が成立してもおかしくはない。

> 天火明命が、『古事記』や『日本書紀』において、ニニギの兄とか子とかにされている事情を考えてみると、日本神話の形成されるときに、アマテラスの誕生以前の、比較的早いある段階では、天火明命が天皇家の〝氏のカミ〟（守護神）的な地位に一時あったことがあり、その上に〝氏ガミ〟[12]（祖先神）としてアマテラスが加上されていったためなのだと想定されるではありませんか。

ニギハヤヒも猿田彦や各地のアマテルと同じように、本質的には、太陽の自然崇拝が人格神に発展してゆき、最終的にはアマテラス大神に成ってゆく過程で生まれた、男性の日神であると考えられる。ただ私は天火明命つまりニギハヤヒだけを何らかの皇祖神として位置づけることには賛成できない。タカミムスヒのほうを、その意味においては有力な皇祖神と考えるからであるが、これは後述する。

それでは猿田彦の妻となり、猿女の君の遠祖となった天宇受売（『紀』では、天鈿目。以下ウズメと略称）は、いったい何を人格化した神であろうか。

猿女は神楽・技芸などの祖神として祀られる神である。『紀』「神代」の天孫降臨の条の一書に、ウズメは光り輝く猿田彦の前で裸身をあらわし、媚態を示して猿田彦をなびかせている。このことは、多くの論者が指摘しているとおり、(13)天の石屋戸神話においてウズメが天の石屋戸の前で歌舞した説話と同じである。つまりウズメは男性の原始太陽神である猿田彦＝原アマテラスに仕える巫女の神格化なのである。

天の石屋戸神話は、日蝕または冬至の日の、弱り衰えた太陽の復活を願う民俗的な祭りが、その底流を成していると考えられる。伊勢地方には後述する神島のゲーター祭が現在も行われているが、ウズメの狂態を伴う歌舞は太陽＝猿田彦に対する一種のシャーマンの魂振り（ないし鎮魂）の呪術である。おそらく、太陽を祀るこうした巫女が、折口信夫の言うように、祀る者から祀られる者となって、太陽神となる場合もあるのだろう。その意味では、前述の「アマテル」神社が男性神格の天火明命を祀っていたということと何らかの関連があるのではないだろうか。

いずれにせよ、猿田彦もウズメもやがて皇祖神アマテラスへと成長してゆく過程にあった南伊勢地方の太陽神であるというのが、本書の結論である。

この太陽神話は、元来、伊勢の海人系氏族が信仰していたものであるから、当然、海洋型の太陽神に分類できると思われる。『記』の猿田彦が貝にはさまれて海中に溺れたという説話は漁撈社会に発生したものであることをうかがわせる。また次に述べる神島のゲーター祭も海浜で行われる、漁撈に従事する人びとの祭りである。

しかし皇室神話となった天の石屋戸神話に見える天宇受売の歌舞は、はたして純粋な海洋型の太陽神話と言えるであろうか。たしかに、例えば『出雲国風土記』の「加賀の郷」説話にあるように、佐太の大神が日光のシンボルである金の弓で海辺の洞窟を射たら、そこが光り輝いたという、海岸洞窟信仰は存在するが、天の石屋戸神話が海に直接関係しているとは思われない。その意味では天の石屋戸神話に登場する天宇受売は、猿田彦という原始太陽神とその巫女という性格を海人系の漁撈文化から直接に持ち込まれたものではなく、むしろ日神を招き祀る大陸系のシャーマニズムの影響と混合しているものと思われる。海洋的な太陽神信仰といっても、伊勢の神話は漁撈社会的要素を含むが、後述するアメノヒボコ神話などは航海者的な呪儀の要素を含んでいる点も指摘でき、三品彰英の言うように「海人系のサルメノ君が大陸系のイズシ・イソノカミ系の呪具によってミタマフリをする、というきわめて複合的な形態をとっている」(14)のではないだろうか。

また松村武雄は、次のように猿女＝シャーマン説を語源的に導き出そうとしている。

神前で舞踊し神靈に憑依されて託宣豫言する巫人を、ツングース語でŠaman若しくはSamanといひ、満州語でSamaという。わがサルメは、これ等の語辭と同源で、我が國の古い祭祀にも北方民族と同種の巫人が奉仕してゐたことを示す……。我が國の東北地方一帯で民間巫女を呼ぶイタコが、もしもツングース語のIdakon、蒙古語のIdogan, Itogan, Itoga, Itigan、ヤクート語のUdagan系統の女巫を意味する語辭の系統を引いたものとするなら、サルメも或ひは、Šaman, Saman, Samaと系統を同じうするかも知れない。(15)

以上のように、猿田彦は南伊勢地方で信仰されていた自然神としての太陽崇拝が発展して、やがて人格化し、伊勢神宮の成立時とあわせて皇室の太陽神アマテラス神話の中に取り込まれたと言うことができる。

(2) 神島のゲーター祭

今述べた猿田彦はいわば原アマテラスとしての太陽神であった。これに仕えた巫女、天宇受売は、太陽の勢いが衰えた時にこれに力を与えて復活させる役割を担った。伊勢地方にはこうした人格化される太陽神やその巫女が現れる以前から、太陽の復活を祈願する民俗祭事が行なわれたものと思われ、これが神島のゲーター祭に他ならない。

神島は伊勢湾の入口（伊良湖水道）近くの、愛知県の渥美半島と三重県の鳥羽市の間に位置する小島である。ゲーターとは「迎旦《げいたん》」であるとされ、前に述べた新羅の迎日湾にあった延烏郎・細烏女伝説の「迎日」と同じで、毎年、旧暦正月の元旦の太陽を迎える意味だとされている。荻原秀三郎著『神樹』には、次のようにこの祭りが描かれている。

直径二メートルほどの輪を太陽に見立てて、その年の祭り当番の家で大晦日の晩に祀り、元旦の夜明け前から太陽の輪を叩きはじめる。島中の男たちが細い竹で、いっせいに輪を叩きつけ、その後、新年の太陽が昇る東の浜へ場所を移して、今度はその輪の中央に何十本もの竹を突き通して東の空高く差し上げる。(16)

筑紫中真の解説を少し補足すると、太陽に見立てた直径二メートルほどの輪は「日《ひ》の御像《みかた》」と呼ばれている。この祭りの本来的な行事は、「日の御像」を空中高く上げることではなく、東にのぞんだ海岸に神聖なまつり木を立て、さしのぼる朝日を礼拝する行為だという。(17)射日神話を想わせるこの祭りは、冬至の勢いの衰えた太陽の復活を祈る祭りである。新羅の迎日湾一帯で行われた日月祭も基本的には同じような祭りであったと考えられる。

射日神話にもさまざまなパターンがある。中国の古伝説上の弓の名人、羿《げい》は尭の時代に太陽が十個も昇ったので、人びとを炎熱から救うために九個の太陽を射落としたという。日本にもこれに類した民話がある。また中国の東北辺境に住む少数民族であるオロチョン（鄂倫春）族は太陽を神霊として祀って崇拝した。旧暦の元旦ごとに人びとは太陽神「ディレェチン（得勒欽）」を拝した。日蝕は黄色い犬が太陽を食べるために起こると考えたので、人びとは先を争って鉢《はち》をたたき、頭をたたいて太陽を救おうとしたという。(18) 他の書によれば、古代のバルト海沿岸の民族同様に、古代の中国人は、日蝕は巨大な天の狼が太陽を食うためと考え、この怪物を遠ざけ、光を蘇らせるために、太鼓や鐘やシンバルなどで大騒ぎして、数十の矢を空に向かって放ったという。(19)

しかし、ゲーター祭はこれらの射日神話とは若干異なる。ここで挙げたゲーター祭以外の射日神話は、特に炎熱や日蝕に関係し、弱った太陽を刺激して活気づけるというよりも、太陽の敵を射落として太陽を救おうというモチーフが優勢である。

以上のように、神島のゲーター祭は、南伊勢地方に伝わる、素朴な太陽崇拝の名残りであり、これがやがて人格化して猿田彦の太陽神的性格を形成してゆくようになったと思われる。しかしその具体的な形成過程については、後日の研究課題の一つである。

(3) 大和朝廷による天照大神の祭祀と朝日郎征伐伝説

以上に見て来たように、ゲーター祭や猿田彦に代表される、海洋型（特に漁撈民の奉ずる）日神信仰や、農業生産に結びついた日神信仰が、伊勢地方に存在した。これを担ったのは伊勢の豪族である度会氏である。ここでは、大和に祭られていた天照大神がどのように伊勢神宮の内宮の神として鎮座するようになったのかを考察したい。

五世紀末から六世紀初頭（雄略朝）にかけて、大和朝廷は次第に東方へと勢力を伸ばしていったが、これは東の方位を神聖視する、東方神聖思想に基づいていると思われる。元来、天皇家は日神を守護神としていたため、伊勢の日神は天皇家の崇拝を受けるようになった。大和の笠縫邑に祭祀していた天照大神を、倭姫命に託して伊勢の五十鈴川のほとりの磯宮に移したという「垂仁紀」の伝説は、伊勢神宮の内宮の起源を示唆している。『紀』の「崇神天皇」六年条に見える、伊勢神宮と大倭神社の起源説話は以下のとおりである。

天照大神・倭大国魂《やまとのおほくにたま》、二《ふたはしら》の神を、天皇の大殿《みあらか》の内に並祭《いはひまつ》る。然して其の神の勢《みいきほひ》を畏《おそ》りて、供に住みたまふに安からず。故、天照大神を以ては、豊鍬入姫命《とよすきいりびめのみこと》に託《つ》けまつりて、倭の笠縫邑《かさぬひのむら》に祭る。……亦《また》、日本大国魂神《やまとのおほくにたまのかみ》を以ては、渟名城入姫命《ぬなきのいりびめのみこと》に託けて祭らしむ。[20]

また、『紀』「垂仁天皇」二五年三月条に見える、伊勢神宮の内宮の起源説話は、次のとおりになっている。

天照大神を豊耜入姫命《とよすきいりびめのみこと》より離ちまつりて、倭姫命《やまとひめのみこと》に託けたまふ。爰《ここ》に倭姫命、大神《おおかみ》を鎮《しづ》め坐《ま》させむ処を求めて、菟田《うだ》の筱幡《ささはた》に詣《いた》る。……更に還りて近江国《あふみのくに》に入りて、東美濃《ひむがしのかたみの》を廻りて、伊勢国《いせのくに》に到る。時に天照大神、倭姫命に誨《をし》へて曰《のたま》はく、「是《こ》の神風《かむかぜ》の伊勢国は、常世《とこよ》の浪の重浪帰《しきなみよ》する国なり。傍国《かたくに》の可怜《うま》し国なり。是の国に居《を》らむと欲《おも》ふ」とのたまふ。故、大神の教の随《まにま》に、其の祠《やしろ》を伊勢国に立てたまふ。因《よ》りて斎宮《いはひのみや》を五十鈴《いすず》の川上《かはのほとり》に興《た》つ。是を磯《いその》宮《みや》と謂《い》ふ。則ち天照大神の始めて天より降ります処《ところ》なり。[21]

ここまでの道筋を確認すると、最初、天皇（崇神）は宮殿の中で天照大神と倭大国魂（大国魂神）を共に祭っていた。しかし、両神の勢いを畏れ共に住まわせるのに不安を感じた天皇は、両神を離して別々に祭る。そのさい、天照大神を倭の笠縫邑で豊鍬入姫命（崇神天皇の娘）に祭らせたが、のちに天照大神は豊鍬入姫命から離されて倭姫命（垂仁天皇の娘）が祭るようになる。倭姫が天照大神の住む場所を探し求めて、辿り着いた所が伊勢の五十鈴の川上の磯宮である。

しかし、別伝を見ると、その後の話が続いて、五十鈴の川上の磯宮に落ち着いた翌年、天照大神はさらに場所を移している。

天皇《すめらみこと》、倭姫《やまとひめの》命を以《も》て御杖《みつゑ》として、天照大神に貢奉《たてまつ》りたまふ。是《ここ》を以て、倭姫命、天照大神を以て、磯城《しき》の厳橿《いつかし》の本《もと》に鎮《しづ》め坐《ま》せて祠る。然して後に、神の誨《をしへ》の随《まにま》に、丁巳《ひのとのみ》の年の冬十月の甲子《きのえねのひ》を取りて、伊勢国の渡遇宮《わたらひのみや》に遷《うつ》しまつる。[22]

なぜ、天照大神を「伊勢国の五十鈴の川上の磯宮」から再び「伊勢国の渡遇宮」に移す必要があったのだろうか。『紀』の「神功皇后」摂政前紀条から、それを読み取ることが可能である。すなわち、仲哀天皇が早く死んだ原因を、神のお告げに従わなかったのだと思った皇后は、その祟りの神を知るために自ら神主となって占う場面である。

皇后《きさき》、吉日《よきひ》を選びて、斎宮《いはひのみや》に入りて、親《みづか》ら神主《かむぬし》と為《な》りたまふ。……七日七夜に逮《いた》りて、乃ち答へて曰はく、「神風《かむかぜ》の伊勢国の百伝《ももづた》ふ度逢県《わたらひのあがた》の拆鈴《さくすず》五十鈴宮《いすずのみや》に所居《いま》す神、名は撞賢木厳《つきさかきいつ》之御魂天疎向津媛命《のみたまあまさかるむかつひめのみこと》」と。亦問ひまうさく、「是の神を除きて復《また》神有《いま》すや」と。……時に神の語《こと》を得て、教《をしへこと》の随《まにま》に祭る。(23)

すなわち、神功皇后が神主となった七日七夜、審神者《さにわ》が答えるには、伊勢国の五十鈴宮には、撞賢木厳之御魂天疎向津媛命(24)や稚日女尊や事代主尊や住吉三神がいる、と。そこで祟りの神の名を知った神功皇后は、神の言葉を聞いて教えのままに祭った、というのである。

崇神天皇は、三輪山の大物主神の祟りによって神祇を祭ったが、詳しくその根源を探らないで枝葉に走ったために天皇の命が短かった。それで垂仁天皇は倭大国魂をその子孫に託して祭ったのである。仲哀天皇も崇神天皇と同様に、伊勢の地主神（土地の神）を祭っていなかったから祟りを受けて早く死んだのであろう。そのために神功皇后は自ら神主となって占い、祟りの神であった伊勢国の地主神を祭ったのである。
この「神功紀」から考えられるのは、倭姫命がアマテラスを再び「伊勢国渡遇宮」に移したのは、五十鈴には既に撞賢木厳之御魂天疎向津媛命や他の神（稚日女尊、事代主尊、住吉三神）がいたからその場所をさけるためであろう。伊勢の内宮と外宮は、『延喜式』では内宮を太神宮、外宮を度会宮としている。ところが別云、「垂仁紀」二五年条に見える渡遇宮は事実上内宮をさすと思われる。おそらく、こうして渡遇宮にアマテラスを持ち込むことで、度会氏の祭っていた神社は、内宮に仕える御膳《みけ》つ神に変えられ、それが外宮となったのであろう。

『紀』「雄略天皇」条には、雄略天皇の武力による伊勢地方攻略が以下のように記されている。

物部菟代宿禰《もののべのうしろのすくね》・物部目連《もののべのめのむらじ》を遣《つかは》して、伊勢の朝日郎を伐《う》たしめたまふ。朝日郎、官軍《みいくさ》至《いた》ると聞きて、即ち伊賀《いが》の青墓に逆《ま》ち戦ふ。自ら能《よ》く射《ゆみい》ることを矜《ほこ》りて、官軍に謂ひて曰はく、「朝日郎が手に、誰人《たれ》か中《あた》るべき」といふ。その発《いはな》つ箭《や》は、二重《ふたへ》の甲《よろひ》を穿《とほ》す。官軍、皆懼《お》づ。菟代宿禰、敢《あ》へて進み撃たず。相持《まも》ること二日一夜《ふつかひとよ》。是《ここ》に、物部目連、自《みづか》ら大刀《たち》を執《と》りて、筑紫の聞物部大斧手《きくのもののべおほをのて》をして、楯《たて》を執りて軍《いくさ》の中に叱《たけ》びしめて、倶《とも》に進ましむ。……（中略）……「菟代宿禰は、怯《をぢな》くして、二日一夜の間に、朝日郎を擒執《とら》ふること能《あた》はず。而るに物部目連、筑紫の聞物部大斧手《きくのもののべおほをのて》を率《ゐ》て、朝日郎を獲《とら》へ斬《き》りつ」とまうす。天皇《すめらみこと》、聞しめして怒り

たまふ。輙《すなは》ち宛代宿禰が所有《たも》てる猪使部《ゐつかひべ》を奪《うば》ひて、物部目連に賜《たま》ふ。(25)

これは伊勢の国、朝明郡の豪族であった(26)朝日郎《あさけのいらつこ》征伐伝説である。『姓氏録』「未定雑姓」には、この朝明郡の地を本拠とした度会系氏族、朝明史《あさけのふひと》が見える。始祖を高句麗の帯方の国主、いわゆる氏韓法史の子孫とされるが、朝日郎は強力な武器も作る度会系の鍛冶師だった可能性がある。(27)伊勢の豪族がその名に「朝日」を付けていたことは、この地方の日神信仰を暗示していると言える。その点では前述の「照り輝くこと酸醤《ほうずき》に似た」猿田彦も、後述する伊勢津彦も同様である。

さて、大和朝廷が中央集権的な律令体制を急速に形成したのは、大化の改新（六四五年）以降である。古代日本の社会には、各地で氏族の祖先神（氏神）を祭る氏族制度が存在したが、朝廷は神祇官を定めて各地の氏神を祭らせるようにした。これは国家による祭祀の統制である。全国の氏神たちの上に君臨する最高神は、言うまでもなく、天皇家の祖先神である。皇祖神は伊勢神宮の内宮で祭られ、その神の名こそ天照大神である。岡田精司や直木孝次郎ら多くの研究者によれば、ヒルメの神とか日神と呼ばれていた伊勢神宮の神が、皇祖神として天照天神と呼ばれるようになったのは天武朝（七世紀後半）の頃である。

筑紫申真は、かなり詳細な論証を経て、伊勢神宮（皇大神宮）の成立は文武二（六九八）年一二月であり、(28)それ以前、皇大神宮は「イセの大神」「イセの社《やしろ》」「ワタライの斎宮《いわいのみや》」等と呼ばれたという。(29)筑紫は、『紀』「皇極天皇」四年（六四五）条の正月の記事、「或いは阜嶺《をかたけ》に、或いは河辺《かはへ》に、或いは宮寺《みやてら》の間《あひだ》にして、遥《はるか》に見るに物有り。而《しか》して猴《さる》の吟《さまよふおと》を聴く。或いは一十許《とをあまりばかり》、或いは二十許《はたちばかり》。就《ゆ》きて視《み》れば、物便《すなは》ち見えずして、尚《なほ》鳴《な》き嘯《うそむ》く響聞《おときこ》ゆ。其の身を観ること獲《う》るに能《あた》はず。……時の人の曰はく、『此《これ》は是《これ》、伊勢大神《いせのおほかみ》の使《みつかひ》なり』(30)を指摘している。(31)筑紫が、ここで、伊勢の大神が猿の姿をして上洛すると思われていた可能性と、この頃はまだ伊勢の大神は天照大神ではなかったということに注意を促しているのは傾聴に値する。

(4)『伊勢国風土記』逸文の伊勢津彦伝説

さて、天照大神が誕生する以前に、皇室の元来の日神信仰をそれに重ねて発展させたところの、原アマテラス信仰とも言うべきものをいくつか見て来た。すなわち、猿田彦、ゲーター祭、朝日郎、そして伊勢の大神などである。最後にこの系列にある伊勢津彦を取り上げてみたい。

『伊勢国風土記』逸文によれば、伊勢の国造、伊勢氏（後の度会氏）の祖神は、天日別《あめのひわけの》命である。神武東征の時、天皇に従って、標《しるし》の剣を贈って伊勢国に赴《おもむ》き、伊勢津彦を平定した。『先代旧事本紀』は天日鷲《あめのひわし》命を伊勢氏の祖神としているが、天日別と天日鷲は同一神と解釈される。

度会氏は言うまでもなく、外宮の神官家である。平定説話は伊勢地方の土豪、度会氏の朝廷への従属を示すものであって、本当の祖神はおそらく伊勢津彦であると思われる。ただ、日神信仰のあった伊勢の地の征服者が「日別」とか「日鷲」と呼ばれて「日」の字を有するのは興味ぶかい。

伊勢国の古くからの土着神であった伊勢津彦については、『播磨国風土記』にも記載がある。それによれば、揖保《いひぼ》郡林田里の伊勢野（兵庫県姫路市上伊勢・下伊勢）は、衣縫猪手《きぬぬひのゐて》・漢人刀良《あやひとのとら》らの祖先が開拓した地であり、その祖先が伊和の大神の子である、伊勢都比古《いせつひこ》命・伊勢都比売命を祀っていた、とある。また『伊勢国風土記』逸文には、伊賀国の安志《あなし》(32)社の神は出雲建子《たけこ》命、別名、伊勢都彦命が石で城を造って住んだという伝説が見える。

　この伊勢の土着神は、今まで述べてきたところからすれば、太陽神的要素を有することが予期されて当然である。天日別に攻められて「国譲り」を迫られ、ひとたびは抵抗した伊勢津彦だが、やがて屈服して「光り輝きて日《ひる》の如く、陸も海も共に朗《あきら》かに、つひに波に乗りて東にゆきき」と結んである『伊勢国風土記』逸文の伝承を以下に引用する。

　そもそも伊勢の国は、天御中主尊《あめのみなかぬしのみこと》の十二世の孫の天日別《あめのひわけ》命が平定した所である。……天皇は……また天日別命に勅して「はるか天津《あまつ》の方に国がある、ただちにその国をたいらげよ」と仰せられて、天皇の将軍としての標《しるし》の剣を贈わった。天日別命は勅を奉じて東に入ること数百里であった。その邑《むら》に神があって名を伊勢津彦《いせつひこ》といった。天日別命は「汝の国を天孫（神武天皇）に献上したらどうか」と問うた。すると答えて「私はこの国を占拠してから長いこと住んでいる。命令にはしたがいかねる」といった。天日別命は兵を発してその神を殺そうと思った。するとそのとき恐れて平伏して申しあげるには、「私の国はことごとく天孫にたてまつりましょう。私はもうここにいるようなことは致しますまい」と。天日別命は問うて、「お前がこの国を去ったとき、なにをもってそれを証拠だてるか」といった。すると申しあげていうには、「私は今夜をもって八風《やかぜ》（大風）を起こし海水を吹き上げ波浪に乗って東の方にまいりましょう。これがすなわち私が退却したという証拠です」と。天日別命は兵を整備してその様子をうかがっていると、夜ふけになって大風が四方に起こり、大波をうちあげ、太陽のように光りかがやいて陸も海も昼のようにあかるくなり、ついに波に乗って東に去った。(33)

以上に見て来たように伊勢津彦は、古代伊勢地方の神であることは明らかである。しかも「太陽のように光りかがやいて陸も海も昼のようにあかるくなり」から伊勢津彦が太陽神的要素を有した神であることもうかがい知ることができる。

ところで日本の皇祖神、すなわち王権神話の最高神は日神、天照大神である。記紀神話では、この日神は高天原の主宰神であり、垂仁天皇は大和の笠縫邑に祀ってあった日神を倭姫命に託して伊勢に移した。

なぜ伊勢なのであろうか。伊勢地方は大和の東方、日の出の地であり、元来太陽信仰を有した皇室は、東方神聖思想に基づいて、あるいは政治的な領土拡大の意図も有して、伊勢地方の素朴な太陽信仰を自らに取り込んで、元来の日神を天照大神と新しく名づけて、皇祖神・最高神として、律令政治確立と不可分の、宗教による国家統一の手段としたものと考えられる。

それではなぜ、元来の皇祖神が日神であるのかという問題は、むろんこの時点では解決していない。これはタカミムスヒを扱う章で論及される。

アマテラスは、天孫降臨神話の主神として、政治的目的から伊勢地方の日神を文字どおり祭り上げた神であると思われる。原アマテラスとでも言うべき日神は、新羅の迎日湾で祭られたような素朴な海洋型の太陽神のようなものだったであろう。神島のゲーター祭のゲーターは「迎旦」であり、それは「迎日」とまったく同じ意味である。

原アマテラスだけが海洋型日神ではなく、日本には多くの海洋型ないし水平型（――これは山上降下型の天神的日神を垂直型というのに対応する）の日神が存在する。この海洋型の神には「常世《とこよ》」の観念が伴なう場合がある。太陽の故土（故地）は常世の国だからである。

山上伊豆母は、海人たちの共通の神観ないし信仰は「光海依来之神」（海を光らせて依り来るカミ）であり、「降（来）臨するアマツカミ（天つ神とも海つ神とも）が海洋信仰を負うことは、中央王権始祖神のアマテラス大神すらその原像は〝海光《あまて》らす神〟と思われる」[34]と述べている。山上はここでアマテラスの海洋型性格を承認している。

このように考えるなら、三輪山の神、大物主神は、「時に海を光《てら》して依り来る神ありき……吾《あれ》をば倭の青垣の東の山の上《へ》に拝《いつ》き奉《まつ》れ……こは御諸山の上に坐《ま》す神なり」（『記』）、「時に、神《あや》しき光海《ひかりうみ》に照して、忽然《たちまち》に浮び来る者有り……『吾は日本国《やまとのくに》の三諸山《みもろのやま》に住まむと欲ふ』といふ。故《かれ》、即ち宮を彼処《かしこ》に営《つく》りて、就《ゆ》きて居《ま》しまさしむ。此、大三輪《おほみわ》の神なり」(『紀』)と記される、海洋的日神であった。

またアメノヒボコは、瀬戸内海や日本海の海辺に渡来して各地を渡り歩いたが、「剣を以ちて海水を攪きて宿りましき」と『播磨国風土記』にあるのを見ると、彼の矛は海の中に光り輝く日神のシンボルとしての矛であり、天の日矛は『古語拾遺』に出ているように、やはり「海檜槍《あまのひぼこ》」なのである。

記紀の「垂仁天皇」条にはタジマモリが常世国へ行ったとあり、また「垂仁紀」二五年には、伊勢国は「常世の浪の重浪《しきなみ》帰《よ》する国なり」と記されている。この地の古い地主神、伊勢津彦は「大波をうちあげ、太陽のように光りかがやいて陸も海の昼のようにあかるくなり、ついて波に乗って東に去った」のである。韓国の延烏郎・細烏女の日の精の故地もまさに東の海であった(韓国では日本海を東海とよぶ)。常世の観念は次に述べる、沖縄の「ニライカナイ」と通底するが、ここでは原アマテラスが海洋型の民俗信仰から成長して、人格神化され、ついには皇祖神として日本の最高神となったと思われる過程《プロセス》について考察した。

2　『おもろそうし』に見る琉球(沖縄)の日神「テダ(ティダ)」

伊勢地方の海洋型の日神信仰は沖縄にも見ることができる。言うまでもなく沖縄はいくつかの島で構成され、四方を海で囲まれるという地理的条件をそなえているからである。陸地と較べて、海上に昇り沈む太陽の美しさは格別である。古来、人びとは、その美しさに魅了され、東方海上の日の昇るところに永遠の楽土、神や祖先の住む国があると信じた。これが一般に「常世」、沖縄では「ニライカナイ」とよばれる異郷である。本節では、沖縄、首里王府編の最古の、祭祀歌謡に関する文献『おもろそうし』を手がかりにして、この地方の日神信仰を考察する。

『おもろそうし』（旧かな使いでは「おもろさうし」）は、全二二巻で、一五五四首の「おもろ」（奄美・沖縄地方に伝わる祭祀歌謡）を収録したもので、一五三一～一六二三年の成立である。

沖縄の日神信仰、特に王権神話と結びついた日神信仰を語る場合、琉球（沖縄の別称）王国の国家的な祭祀組織を簡潔に説明しなくてはならない。

前にも述べたように、新羅第二代王の妹の阿老は始祖赫居世の祖廟を祀った。また一般に韓国でのシャーマニズムの担い手は女性である。沖縄の民間でも男性よりも女性のほうが霊力が強いと言われ、姉妹《おなり》の霊が兄弟《えけり》を守護するという考えがあった。これがオナリ神信仰として発展し、すべての女性を神女《みこ》（巫女）と見なすようになっていった。男たちが航海するとき、彼らは姉妹の髪をお守りとして持参した。神女が国家的な組織となったのが、新羅の阿老のように、聞得大君《きこえおおぎみ》を頂点とする神女組織である。聞得大君は国王の姉妹がなり、国家的オナリ神として国の安全を祈願し国王を補佐した。大君の下には大アムシラレという上級女性祭司、その下に、奄美・沖縄諸島で村落祭司を行う「祝女《ぬる》」（『おもろそうし』などでの表記は「ノロ」）がいた。[35]

こうした組織を見るかぎり、アマテラスを中心とする古代の日本中の神社組織に似ていなくもないが、沖縄の神女組織の特徴は、女性が尊重される祭政一致の社会が長く存続したことである。『おもろそうし』とは、首里の王府祭祀をはじめ、また各地の村落祭祀などでうたわれた歌謡の集成であり、ここにニライカナイや太陽神「テダ」（ティダ、ティーラとも言う）に係わる信仰が出てくるのである。

さて、記紀、風土記、万葉集などに見える「常世」を他界観念、異郷意識として掘り起こしたのは柳田国男・折口信夫である。本書でも、例えば、神武天皇の兄の御毛沼命が波の穂をふんで常世国に渡ったとか、タジマモリの常世行きとか、常世の浪の重浪帰《しきなみよ》する国としての伊勢について述べてきた。折口の常世論には、いわゆる「客神《まれびと》信仰」が結びつくが、ニライカナイ信仰こそ、その具体像であった。

琉球列島の各島、各地域では、ニライカナイは、「ニルヤ・カナヤ」「ギライ・カナイ」「ミルヤ・カナヤ」などの異なる呼び方もある。その所在は海の彼方だが、それがどの方角かも地域によって異なる。しかし、ニライカナイと分かちがたく結びつく日神信仰について、以下は『おもろそうし』に基づいて論じてゆく。

聞得《きこゑ》大君《ぎみ》ぎや　降《お》れて　遊《あす》びよわれば　神《かみ》てだの　守《まぶ》りよわる按司襲《あんじおそ》い　鳴響《とよ》む精高子《せだかこ》が
首里杜《もり》ぐすく　真玉杜《まだもり》ぐすく

（訳）名高く霊力豊かな聞得大君が、首里杜ぐすく、真玉杜ぐすくに降りて神遊びをし給うたからには、太陽神が守り給う国王様であることよ。（第一巻の二）[36]

これは『おもろそうし』冒頭のおもろであり、太陽神に成り変わることのできる国家最高の祭司が国王に国を統治する霊力を授ける国家的儀礼の歌謡である。

歴代の国王は按司襲（按司たちを守護し支配する大按司の意味）とよばれ、聞得大君はまた、力豊かな人という意味で「鳴響む精高子」という異称をもつ。ここに出てくる「神てだ」こそ沖縄の太陽神にほかならない。

一つの歌謡がこのような分量と調子の「おもろ」が、一五〇〇余りも続いていくのであるが、ここでは重要と思われる点を以下に考察したい。

「神てだ」（太陽神）は他の個所では「てるかは」「てるしの」とも呼ばれる。そしてこの太陽神が、ニライカナイと関係があることを示唆するおもろが第二巻の四〇番に見られる。そこには「にるや鳴響《とよ》む大主　かなや鳴響む若主《わかぬし》　にるやせぢ　みおせや」とうたわれている。「にるや」がニライ、「かなや」がカナイであることは明白であり、この歌の意味は「ニルヤ・カナヤの名高い神よ。国王様にニルヤの霊力を奉れ[37]」である。

沖縄では東方に向かって城門を建てる慣習があったようである。例えば沖縄本島中部にある中城《ぐすく》では城門を「東方《あがるい》に　向《む》かて」「てだが穴《あな》に　向《む》かて」(38)建てている。

国王が太陽神「てだ」の子孫であることは、例えば第三巻の九七の歌謡中の一節「てだが末《すへ》按司襲《あぢおそ》い」(39)という句によってわかる。神てだは直接に国王を守るのではなく、霊力豊かな聞得大君が天降りをして神遊びをすることによって、間接的に守るのである。

太陽はまた、第一一巻の五五六では「東方《あがるい》の大主《ぬし》」「てだが穴《あな》の大主」(40)、第一一巻の五五七では「東方《あがるい》に　咲く花《はな》　天　鳴響《とよ》で　咲《さ》く花《はな》（東方に咲く花天に鳴り響いて咲く花の見事なことよ）」(41)とうたわれている。

琉球王国は一四世紀に明の進貢国となってから歴史に現れたが、一四二九年に尚巴志が統一した。しかし一六〇九年に薩摩藩の島津氏によって征服され、その支配下に入った。

琉球の第一尚氏王統の樹立者は尚思紹（?～一四二一）であり、尚巴志はその子である。この王統以前には英祖王統と察度《さつと》王統が存在した。

『おもろそうし』以外にも琉球王には日神信仰を示唆するものがある。英祖王（一二六〇～一二九六）は母が太陽を夢に見て生んだ子とされている。また即位時に神託によって付与される国王の神号には、例えば英祖の「英祖日子」（『中山世鑑』一六五〇）のように「日」を含むものが少なくない。さらに奄美諸島や宮古諸島には日光感精説話が見られるが、これは王権と結びつくまでには至っていない。

さて、以上に見てきたように、沖縄には古い時代より海洋型の日神信仰があり、それはニライカナイつまり常世信仰と結びついていたことがわかる。その意味では、原アマテラス信仰と見なされる伊勢地方の海洋型の日神信仰に通じるものがある。

伊勢において、大和の王権が自ら有したと思われる日神信仰を、やがて伊勢の土着の日神信仰に重ねてゆき王権を拡張したように、沖縄でも、国王（按司）を神女組織をとおして宗教的に守護する、太陽神「テダ」が王権と結びついてゆく。

それは歴代の王の神号に「日」とか「日子」をつける慣習に変化を遂げる。日光感精説話も含め、これらは元来沖縄にあったものではなく、後世に日本や東アジアの国々から移入したものであろう。沖縄は多くの島でできており、その原初的な日神信仰はあくまでも海上に昇り沈む、自然神としての太陽への素朴な信仰であったと思われる。

3　タカミムスヒと対馬の日神信仰

日本本来の皇室の守護神や始祖神はいったい誰だったのだろうか。これに答えるには、前述の高天原の司令神（この言葉自体を最初に使ったのは三品彰英である）の問題に戻らなければならない。

岡正雄の提唱以来、三品を始め直木孝次郎、水野裕、谷川健一、溝口睦子らは、記紀（『紀』の一書も含む）の天孫降臨に関する、司令神・降臨神・降臨地・降臨時の随伴神・神宝等の記述の異同を研究して、多様な記述中で最も簡潔なものが、後世の潤色の加わらない原神話であるという点で一致し、『紀』の本文が最古の伝えであると結論づけている（次頁表参照）。『紀』の本文では、タカミムスヒがニニギノミコトに司令して、真床追衾で覆われた姿で、日向の襲の高千穂の峯に降臨させるというものであり、随伴神も神宝も神勅も一切記述されていない。

高皇産霊尊《たかみむすひのみこと》、真床追衾《まとこおふすま》を以て、皇孫天津彦彦火瓊瓊杵尊《すめみまあまつひこひこほのににぎのみこと》に覆《おほ》ひて、降《あまくだ》りまさしむ。……日向《ひむか》の襲《そ》の高千穂峯《たかちほのたけ》に天降《あまくだ》ります。(42)

また天孫降臨と並んで重要な日本神話に出雲の国譲りがあるが、高天原からの国譲りの交渉の司令者と使者を比較した研究もある。国譲りも、司令神をアマテラスとするものとタカミムスヒとするものがある。しかし土橋寛は、タカミムスヒを司令神とする『紀』の本文がもっとも古い言い伝えであることを検証している(43)。そして土橋は「国譲りでも、天孫降臨でも、高天原の主宰神はタカミムスヒの尊であるのが古伝で、天照大神とするのは新しい伝承である(44)」と明言する。

以上のような視点に立って『紀』の神武建国神話や「顕宗天皇」条などの記述を見直し、その後でタカミムスヒと関連のある対馬の日神信仰を考察したい。

【天孫降臨の段】

要素／典拠	日本書紀（本文）	日本書紀（一書第一）	日本書紀（一書第三）	日本書紀（一書第四）	日本書紀（一書第六）	古事記
（一）降臨を司令する神	タカミムスビの神	アマテラス大神	タカミムスビの神、アマテラス大神	タカミムスビの神	タカミムスヒの神	タカギの神、アマテラス大神
（二）司令を受けて降臨する神	ホノニニギノミコト	アマノオシホミミノミコト、後にホノニニギノミコトに代る	アメノオシホミミノミコト、後にホノニニギノミコトに代る	ホノニニギノミコト	ホノニニギノミコト	アメノオシホミミノミコト、後ホノにニニギノミコトに代る
（三）降臨の際の容姿	真床追衾で覆われた姿	降臨の間際に出誕されたが、その容姿には特別の記載がない	降臨する際虚空において出誕する	真床追衾で覆われた姿	真床追衾で覆われた姿	降臨の間際に出誕されたが、その容姿には特別の記載がない
（四）降臨地	日向の襲の高千穂の峯	日向の高千穂の槵触の峯	日向の槵日の高千穂の峯	日向の襲の高千穂の槵日の二上の峯	日向の襲の高千穂の添の山の峯	日向の高千穂の久士布流多気
（五）随伴する神々		五部神（アメノコヤネノコト、フトタマノミコト、アマノウズメノミコト……）、サルタヒコ	アマノコヤネノミコト、フトタマノミコト、諸部神	アマノオシヒノミコト、アメクシツノオホクメ		五伴緒（アメノコヤネノミコト、フトタマノミコト、アメノウズメノミコト……）、サルタヒコ……
（六）神器の授与		三種神器の授与	神鏡授与と神鏡に関する神勅			三種神器の授与と神鏡に関する神勅
（七）端穂の国統治の神勅		瑞穂穂の国統治の神勅				瑞穂穂の国統治の神勅

〈三品彰英著『日本神話論』（平凡社、1970年、p.124）より転載〉

（1）「顕宗紀」に現れた日神と月神――日神・月神の祖としてのタカミムスヒ

『紀』「神武天皇」即位前の戊午年九月条に、天皇が大和を平定して都を橿原に定めた後、「霊時《まつりのには》」を鳥見山《とみのやま》の中に立てて「皇祖天神」を祭ったという次のような記述がある。

天皇……厳瓮《いつへ》を造作《つく》りて、丹生《にふ》の川上《かはかみ》に陟《のぼ》りて、用《も》て天神地祇《あまつかみくにつかみ》を祭《いはひまつ》りたまふ。……道臣命《みちのおみのみこと》に勅《みことのり》すらく、「今高皇産霊尊を以て、朕親《われみづか》ら顕斎《うつしいはひ》……を作《な》さむ。汝《いまし》を用て斎主《いはひのうし》として、授《さづ》くるに厳媛《いつひめ》の号《な》を似てせむ。……」とのたまふ。(45)

「神武天皇」四年二月条には、

「我が皇祖《みおや》の霊《みたま》、天《あめ》より降り鑒《み》て、朕《わ》が躬《み》を光《てら》し助けたまへり。今諸《もろもろ》の虜《あたども》已に平《む》けて、海内事無《あめのしたことな》し。以て天神《あまつかみ》を郊祀《まつ》りて、用《も》て大孝《おやにしたがふこと》を申《の》べたまふべし」とのたまふ。乃《すなは》ち霊時《まつりのには》を鳥見山《とみのやま》の中に立てて、其地《そこ》を号《なづ》けて、上小野《よみつをの》の榛原《はりはら》・下小野《しもつをの》の榛原と曰《い》ふ。用《も》て皇祖天神《みおやのあまつかみ》を祭りたまふ。(46)

「霊時」にはマツリノニハと訓じてあるから、一種の祭場と思われる。これに先立って都を定める以前に天皇は、自らがタカミムスヒになる「顕斎」という儀式を行っている。天神とは、皇祖に限らず、高天原にある神をいうが、この「皇祖天神」とはタカミムスヒである。丹生の川上で神々を祭祀するさい神武は、自らタカミムスヒになりすまし、道臣命[47]は媛の格好をして祭祀の儀式を営んでいる。道臣命が、媛に変身したというのは、巫女（シャーマン）の役を演じたのであろう。

溝口も指摘しているように、従来、日本の古代では、王が自らその祖先神を祭ることはなかったと言われてきたが、それはアマテラスを祖先神として考えた場合のことであって、タカミムスヒに目を向ければ、このように古代においても、王はその祖先神を自ら手厚く祭っているのである。[48]すなわち、鳥見山で祭られた「皇祖天神」とは、アマテラスではなくタカミムスヒであった。

さて、神武以後の天皇において全く登場しなくなるタカミムスヒも、顕宗《けんぞう》天皇（五世紀末頃に即位と考えられている）の時代に、やや唐突な形で現れる。『紀』「顕宗天皇」三年二月条によれば、阿閉臣事代《あへのおみことしろ》が天皇の使いとして任那に行ったとき、月神が人に憑いて「自分の祖《おや》は天地を鎔造した神、高皇産霊であり、自分（月神）を奉れば福慶が得られる」と語り、その後二ヵ月経て、天皇の宴席で、今度は日神が人に憑いて、阿閉臣事代に「磐余《いはれ》の田を以て、我が祖の高皇産霊に献れ」と語った。以下、その全文を引用する。

顕宗天皇三年二月に、阿閉臣事代《あへのおみことしろ》、命《おほみこと》を銜《う》けて、出《い》でて任那《みまな》に使《つかひ》す。是《ここ》に、月神《つきのかみ》、人に著《かか》りて謂《かた》りて曰《のたま》はく、「我が祖高皇産霊《みおやたかみむすひのみこと》、預《そ》ひて天地《あめつち》を鎔《あ》ひ造《いた》せる功有《いさをしま》します。民地《かきところ》を以《も》て、我が月神に奉《つかまつ》れ。若《も》し請《こひ》の依《まま》に我《われ》に献《たてまつ》らば、福慶《さいはひよろこび》あらむ」とのたまふ。事代、是に由《よ》りて、京《みやこ》に還りて具《つぶさ》に奏《まう》す。奉《つかまつ》るに歌荒樔田《うたあらすだ》を以てす。歌荒樔田は、山背国の葛野郡に在り。壱伎《いきの》県主《あがたぬし》の先祖押見宿禰《とほつおやおしみのすくね》、祠《まつり》に侍《つか》ふ。(49)

四月に、日神《ひのかみ》、人に著《かか》りて、阿閉臣事代に謂《かた》りて曰はく、「磐余《いはれ》の田を以て、我が祖高皇産霊に献《たてまつ》れ」とのたまふ。事代、便《すなは》ち奏《まう》す。神の乞《こはし》の依《まま》に田十四町《とをあまりよところ》を献る。対馬下県直《つしまのしもつあがたのあたひ》、祠《まつり》に侍《つか》ふ。(50)

この事件後、皇室は対馬の人に相当の土地を渡してタカミムスヒを祭らせた。月神は壱岐の県主の先祖の押見宿禰が、日神の祖《おや》タカミムスヒは対馬の下県直がそれぞれ祭ったという。

このことは、日神に関して言えば、元来、対馬に祭っていたタカミムスヒを大和の磐余の地に勧請し、この祭祀に対馬の下県直が関与したことを示すという説が有力である。「磐余」は、神武天皇の名前の「神日本磐余彦」の磐余であり、「磐余の田」は神武の居る所もしくは〔神武〕天皇の統治した領域内を意味すると思われる。しかし、皇室が日神・月神の祖であるタカミムスヒを祭るために領地（領土）を対馬の人間に献上し、わざわざ対馬（壱岐も含む）の人間を招いたとはどういう意味だろうか。それは、対馬の人間を皇室の祭祀に携わらせることによって対馬の日神をも皇室に吸収させたということであろう。

また記紀に記されたわずかな資料から、タカミムスヒの天界の司令神としての性格以外の要素を推測することも不可能ではない。まず、タカミムスヒは「天地鎔造の神」であり、「日と月の神の祖《おや》」である。鎔造の「鎔」は金属を熱してとかすという意味であるから、鎔造とは銅や鉄などを用いての創造であろう。『記』「天照大神と須佐之男命」条の天の石屋戸神話には、以下のように記されている。

高御産巣日神の子、思金神《おもひかねの》に思はしめて、常世の長鳴鳥《ながなきどり》を集めて鳴かしめて、天《あま》の安の河《かわ》の河上の天の堅石《かたしは》を取り、天の金山《かなやま》の鐵《まがね》を取りて、鍛人天津麻羅《かぬちあまつまら》を求《ま》ぎて、伊斯許理度売《いしこりどめ》命に科《おほ》せて鏡を作らしめ……[51]

鍛人天津麻羅は、古代の鍛冶部の神とされる天目一箇命《あめのまひとつの》とされるが、『紀』「神代下」の一書第二には、作金者《かなだくみ》とされている。

古代社会において鍛冶師は鉄だけでなく、シャーマンの祭儀の祭具も作る異常な霊力を持っていた。アメノヒボコは製鉄集団であったし、日神祭祀を奉る集団でもあった。また、新羅の昔氏の始祖、脱解が鍛冶王であったように、タカミムスヒが金属を鎔融し天地を堅固に造ったことは、呪術的・霊的権威の表象と言える。

そのうえ、日神であるアマテラスが洞窟に隠れたさい、タカミムスヒの命令に従った思金神が中心になってアマテラスを洞窟から救い出すが、結論から言うと、このことはタカミムスヒが日神であるアマテラスをコントロールしたことになる。天の石屋戸神話が明確に示唆することは、アマテラスがタカミムスヒの支配下に位置していることであろう。

いずれにせよ、天地の創造は天神つまり天空神の属性と解される。また、日だけでなく月の祖でもあることは、日や月を生んだとされる中国の盤古《ばんこ》神話(52)や、日本のイザナギ(53)の例に照らして、天神であることは明白である。

ところで記紀では、イザナギが黄泉の国から逃げ帰って、筑紫の日向の橘の小門《おど》の阿波岐《あはぎ》原で禊ぎ祓いをするさい、アマテラスと月読命《つくよみの》とスサノオが生まれている。アマテラスは日神、月読命は月神であるが、この日神・月神と「顕宗紀」の日神・月神は同じものであろうか。三品彰英は、「顕宗紀」に見える月神を、記紀の神話体系とは無関係な民間伝承であると考える(54)。また溝口睦子は、対馬の月神はイザナギ・イザナミ神話とは別系統の、それとは異質な神話世界に属すると言い、むしろニギハヤヒに関する伝承であると主張する。溝口がその理由として挙げていることは、「天地鎔造」という鍛冶師的創造神話と結びついていることや、『先代旧事本紀』の中でニギハヤヒを護衛して降る三二神中に日・月二神(天日神命と天月神命)があるが、その天日神命を対馬県主の祖、天月神命を壱岐県主の祖と解釈していることである(55)。このような解釈はまったく正しいと思われるが、阿閉臣事代と任那の関係がもっと追及されるべきであろう。

それではなぜ、天皇は、阿閉臣事代を任那に送らせたのだろうか。大和朝廷が直面していた問題を解決する手がかりが、任那にあったのだろうか。「顕宗紀」の伝承と非常に類似する説話が新羅にもある。後述する「延烏郎・細烏女」伝説がそれであるが、そこでは、新羅が日神・月神の祭祀を国家的規模で行っていたことを明確に知ることができる。中国の正史の中の記録からも、新羅が日神・月神を厚く礼拝していたことを知ることができる。従って、「顕宗紀」の伝承からは、新羅の日神・月神祭祀が連想できるのである。(56)

ところで、天皇の使いとして任那に行って神託を受けて来た阿閉臣事代は、どういう人物だろうか。同じ名前ではないが、「神代」条や「三輪山の伝説」条に、事代主神が見える。また「神功皇后」九年条には、神功皇后にのりうつって来た神に、天事代虚事代玉籤入彦厳之事代神《あめにことしろそらにことしろたまくしいりびこいつのことしろかみ》という名前が見える。これら個々の人物像の同一性については特定できないが、名前に「事代」という名称が入る人物（または神）は、主に皇室と関係する祭司で、神の依《よ》り代《しろ》もしくは巫女（巫覡）の神格化と考えられる。しかし、阿閉臣事代はなぜ韓半島で神託を受けたのだろうか。その鍵として考えられるのは、新羅の延烏郎・細烏女伝説と新羅の王子アメノヒボコ伝説であるように思える。そのうえ、この二つの伝説に共通しているのは、両方とも日神と関係していて、両方とも日本に渡っていることである。特にアメノヒボコは皇室と深く関係していたが、垂仁天皇以降、その存在は薄れてしまった。もし、三品や溝口が言うように、記紀神話と顕宗天皇の伝承は別系統の伝承であるなら、その忘れ去られた新羅の神を日本で復活させたものと考えられる。

興味深いことが『記』「神功皇后」条に記されている。そこには、「御杖を、新羅の国主《こにきし》の門《かど》に衝《つ》き立てて、すなはち墨江《すみのえ》大神の荒御魂《あらみたま》を、国守ります神として祭り鎮めて還り渡りたまひき」(57)

とある。これは要するに、神功皇后が住吉大神の荒御魂を国の守り神として祭ったということである。住吉大神は、『紀』「神代」一書第六で、イザナギが禊ぎ祓いのさい、アマテラスが生まれる直前に生まれた神である。さらに、『紀』「持統天皇」六年一二月条には、「大夫等《まへつきみたち》を遣《まだ》して、新羅の調《みつき》を、五社《いつつのやしろ》、伊勢《いせ》・住吉《すみのえ》・紀伊《き》・大倭《やまと》・菟名足《うなたり》に奉《たてまつ》る図一」[58]とある。

ここでの菟名足というのは、永留久恵によれば、『延喜式』の大和国添上郡に宇奈多理坐高御魂神社に当たるが、祭神は高皇彦霊尊とする。『延喜式』に記載された住吉神社の所在地は、摂津の墨江（大阪）、長門の豊浦（下関）、筑前の耶賀（博多）、壱岐の耶珂（芦辺）、対馬の鶏知である。この他に『住吉大社神代記』には、紀伊と播磨、さらには大唐国一処、新羅国一処、と記されているという。[59] これらは、朝鮮と結ぶ海路の要衝に当たっている。ということは、タカミムスヒが対馬と大和朝廷と古代韓国（新羅）とに密接な関係をもっていたことを意味する。対馬は朝鮮半島への足場として重視されただけでなく、祭祀上のルーツとして特別の関係があったからだと思う。

対馬は、古来、その地理的な背景から日本と大陸を結ぶ玄関口であった。特に、韓日両国の往来のさいには、避けては通れない重要拠点であった。たとえば、朝鮮王朝が江戸幕府に派遣した朝鮮通信使（一六〇七～一八一一年まで、計一二回来日）の仲裁ないし案内の役を担当していたのは、主に対馬の人びとであった。このような歴史的な背景をもつ土地の者が、前述のように皇室の祭祀に携わったことは、注意を要するであろう。

（２）対馬の阿麻氏留神社と高御魂神社の祭神

それでは、天地鎔造の神とか日神・月神の祖とされるタカミムスヒを祭る神社が対馬に存在するのだろうか。

前にもその見解に少し触れた、対馬在住の優れた史家、永留久恵は、生涯の研究を『海神と天神――対馬の風土と神々』に集大成している。それによると、対馬では阿麻氏留《あまてる》神社が中世以来「照日権現《てるひごんげん》」ないし「照日ノ神」を祭っていたが、永留は元来の祭神を「天照日神《あまてるひのかみ》」ではないかとし、前述の神託を告げた日神がこの神ではないかと推測する。(60)『先代旧事本紀』の「天神本紀」では、対馬県主らの祖を天日神《あまのひのかみ》とし、阿麻氏留神社の祭神とする。「国造本紀」でもその天日神の祖神を「高魂尊」の五世孫としている。『続日本後紀』六巻「仁明天皇」四年二月条では、「對馬嶋……下縣郡无位高御魂」という記述がある。後述するように、この「高御魂」はタカミムスヒのことである。

ここで付言しておくと、「アマテル」を冠した神を祭る神社は対馬以外にもいくつかあることが、筑紫中真や松前健らによって指摘されている。(61)前にも触れたが、数例を挙げれば①天照玉命神社（丹波）②鏡作坐天照御魂神社（大和）③新屋坐天照御玉神社（摂津）などである。これらの神社のうちの多くがアマテラスではなく、「天火明命《あめのほあかり》」を祭っているのは意外な事実である（①②③はすべてそうである）。また、天火明は、そのフルネームを「天照国照彦天火明櫛玉饒速日尊」と呼ばれる、ニギハヤヒのことであるから、日本各地に自然神的な太陽神や文化神的・人格神的な日神が数多く存在したのであろう。

さて、対馬には「高御魂神社」もある。この神社が所在する豆酘《つつ》では「たかおむすぶ」と呼ぶ神を祭るが、しかし今は「タカミムスビ」という標準名で呼ばれているという。[62]「高御魂」は、『延喜式』でも『姓氏録』でも「タカミムスビ」と呼ばれる、『古事記』の「高御産巣日」に他ならない。『姓氏録』には「高魂」の表記もある。なお、本稿は、前述したように一貫してタカミムスヒと呼ぶが、理由は後述する（傍線は筆者）。

この神社は対馬南端の下県郡にあり、下県の地は前述の下県直が日神を祭ったという地である（一二二頁図を参照）。しかもその日神はタカミムスヒを「我が祖《おや》」と呼んでいるから、対馬の阿麻氏留神社（やはり下県郡にある）の日神はタカミムスヒに当然結びつき、タカミムスヒも日神的要素を多分に有するとしなければならないだろう。多分に、と言ったのは、前述の神託によればタカミムスヒは月神の祖でもあるからである。

永留は同書で、「顕宗紀」の神託事件と対馬の古い祭祀を関連づけて、「私見では、大和の権力が全国を統一し、大王と称するようになったとき、神聖なる王権儀礼を整備する必要から、対馬にあったムスビの神と日神の祭祀を畿内に遷し、その祠官として対馬の古族を招喚したものと考える」[63]と述べている。また永留は同書に、タカミムスヒの源流が韓半島や大陸にあるだろうという、三品彰英や上田正昭の学説を好んで引用している。

【対馬の阿麻氐留神社と高御魂神社の所在地】

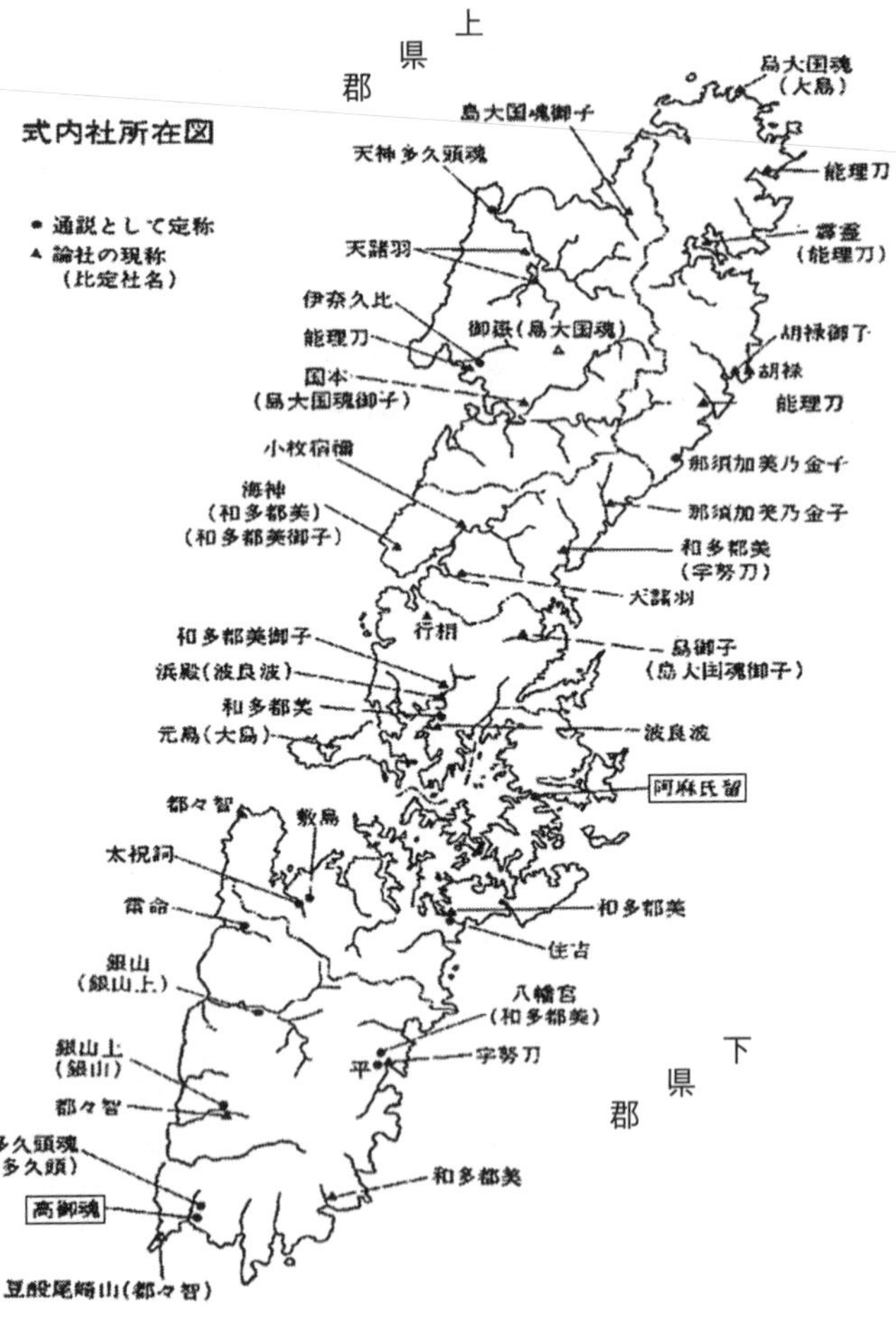

〈永留久恵著『海神と天神—対馬の風土と神々』（白水社、1988、p.289）より転載〉

第五章　古代新羅の延烏郎・細烏女伝説と古代日本の天日矛伝説

本章は、古代の韓日間の神話・伝説の中で、これまでに見落とされがちであった、延烏郎《ヨノラン》・細烏女《セオニョ》伝説と天日矛伝説を取り上げる。ここでは、韓日の天神・日神の比較考察の神話的・宗教的側面だけでなく、古代韓日の文化的・政治的つながりという歴史的側面も同時に考察したい。特に、韓国では、日本とちがって天日矛の研究にあまり関心がない。その意味で、本章は、韓日間の古代の政治的・文化的交流の一つの集約的な研究の試みでもあると言える。渡来人でありながら「天《あめ》」を冠して天つ神系であるのも、また新羅を攻めたという神功皇后の祖先となっていることも、さらには日矛という日神祭祀を表すような名前なども考えあわせると、この人物（ないし人物で象徴される集団）がけっして無視できない、何か大きな力を古代日本に及ぼしたことを暗示している。

1　延烏郎・細烏女伝説――『新羅殊異傳』に見える大内氏渡来伝説

延烏郎・細烏女伝説は、これまでにも少し触れ、また後述する天日矛伝説と密接な関連があると思われる。韓日の天神・日神の比較考察に恰好の素材を提供するものとして、本書はこの伝説に着目する。

この伝説は、古朝鮮の壇君、高句麗の朱蒙、新羅の朴・昔・金の各氏始祖、駕洛国の首露王などの韓国の建国ないし王権神話とは直接の関係はない。第二章で述べたが、古代の新羅時代には日月の神の信仰が盛んであった。『隋書』「新羅傳」が元日に日月神を拝すと伝えるように、拝する神が天神ではないことがはっきりとわかる。他の建国・王権神話には、感精の主体（本体）が山か聖なる林か高地に天からおりる、天神ないし日神の降臨型（垂直型）の側面が多いのに比して、延烏郎・細烏女伝説には感精の主体である日光が海に通ずる日神の海洋型（水平型）の側面が強調されていると言えよう。

以下は、韓国の史書『三国遺事』に見える日月の精に関する唯一の伝説である。後述の古代日本の天日矛伝説とともに、日神信仰的要素のつよい「準王権神話」として取り上げてみたい。

第八阿達羅王即位四年丁酉　東海濱　有延烏郎　細烏女　夫婦而居　一日延烏歸海採藻　忽有一巖　一云一魚　負歸日本　國人見之曰　此非常人也乃立爲王　按日本帝記　前後無新羅人爲王者　此乃邊邑小王　而非眞王也　細烏怪夫不來　歸尋之　見夫脱鞋　亦上其巖　亦負歸如前　其國人驚訝　奏獻於王夫婦相會　立爲貴妃　是時新羅日月無光日者奏云　日月之精降在我國今去日本　故　致斯怪　王遣使來二人　延烏曰　我到此國　天使然也　今何歸乎雖然朕之妃　有所織細絹　以此祭天可矣　仍賜其絹　使人來奏　依其言而祭之　然後日月如舊　藏其絹於御庫爲國寶　名其庫爲貴妃庫　祭天所名迎日縣　又都祈野

（『三国遺事』「紀異篇」延烏郎・細烏女条）

第八代阿達羅王即位四年丁酉、東海の浜に延烏郎と細烏女の夫婦有り。居ること一日、延烏は海に藻を採るに帰す、忽ち一巌有り。一に一魚と云ふ。負ひて日本に帰す。国の人之を見て曰く、これ非常の人なりと。乃ち立てて王となす。日本帝紀を見ると、（この出来事の前後に、新羅人で王になったものはいないから、これはあるいは辺鄙な地方の小王になったことであって、本当の王ではないらしい。細烏は夫の来帰せざるを怪しみ、之を尋ねて、夫の脱いだはきものを見る。また其の巌に上るに負ひて帰ること前の如し。其の国の人驚き訝みて、王に奏献す。夫婦相会し立ちて貴妃となる。是の時、新羅に日月の光なし、日者奏して云ふ、日月の精、降りて我国に在り今日本に去れり。故に斯の怪を致す。王、使を遣はし二人を来らしむ。延烏曰く、我、此の国に到るは天の然らしむるなり。今何ぞ帰らんや。然りと雖も朕の妃織る所の細絹有り、此れを以て天を祭る、可なり、と。仍ち其の絹を賜ふ。使人をして来り奏せしむ。其の言に依りて之を祭る。然る後に日月旧の如し、其の絹を御倉に蔵し国宝となし、其の庫を名づけて貴妃庫となす。天を祭る所を名づけて迎日県又は都祈野とす。

第八代の阿達羅王が即位して四年目の丁酉（西暦一五七年）に、東海の浜辺に延烏郎と細烏女という夫婦が住んでいた。ある日、延烏は海に藻を採りに行くと、急に一つの岩（一説に魚）が現れ、それに乗ると日本へ運ばれてしまった。そこの国の人びとはこれを見て、「これはただの人ではない」と言って王にとりたてた（『日本帝記』によると、この前後に新羅人で

〔日本の〕王になった者はいない。これは辺鄙《へんぴ》な地方の小さな王になったということで、本当の王になったのではないと考えられる）。

細烏はその夫が帰って来ないのを怪しく思って、浜辺にこれを尋ねにゆくと、夫の脱いだ履物《はきもの》を見つけた。履物のあった岩に彼女が上がると、それは前と同じように彼女を運んでいってしまった。そこの国の人びとは驚き不思議に思って、王に申し上げたので、夫婦は再会して、彼女は貴妃に立てられた。

この時に新羅では太陽と月の光が消えてしまった。そこで日者（気象を司る役人）は、「太陽と月の精が我が国に降りていたのに、今は日本へ去ってしまった。そのためにこのような異変が起きたのだ」と言った。王が使者を二人のところへ送ったところ、延烏はこう言った、「私がこの国に来たのは、天がそうされたのである。今さらどうして帰れようか。だが私の妃が織った細綃《さいしょう》（上等の生絹《きぎぬ》）があるから、これをもっていって天を祭るがよい」と。そう言ってその絹を与えた。

使者が帰って来て申し上げ、その言葉どおりに祭ると、以前のように太陽と月の光が戻った。その細綃を御庫におさめて国宝とし、その倉庫を貴妃庫と名づけた。また祭天の場所を迎日県または都祈野と名づけた。（拙訳）

まずこの伝説のルーツを洗ってみる。『三国遺事』の伝説は、新羅末期（九世紀頃）の崔致遠の

『新羅殊異傳』という説話集から引かれたと思われる。なぜなら現存する伝説の逸文が、徐居正が著した筆苑雜記《ピロンザップキ》』（一四八七年刊）に載っており、そこに「新羅殊異伝による」と言及されているからである。ただ、この説話集の原文が消失しているために、『新羅殊異傳』の著者が高麗時代初期の文筆家、朴寅亮《パギンリャン》か金陟明《キムチョクミョン》かにされる場合もあるが、今のところ崔致遠（八五七〜？）が有力視されている。そうなるとこの伝説は、少なくとも九世紀以前に記録されたことになる。逸文は『三国遺事』のものと若干表現が異なり、たとえば延烏郎は迎烏となっている。しかし基本的な内容に変わりはない。後述のように「延」という字は内容的にも「迎」すなわち「迎える」の意味に等しい。それでは、その逸文も以下に引用してみよう（全訳は省略するが、『三国遺事』と異なる部分については詳述する）。

日本國大内殿　以其先世出自我國　向慕之　誠異於尋常　予嘗遍考前史　未知出處　但新羅殊異傳云　東海濱有人夫曰迎烏　妻曰細烏　一日迎烏採藻海濱　忽漂至日本國小島為主　細烏尋其夫　又漂至其國　立為妃　是時　新羅日月無光　日者奏曰　迎烏細烏日月之精　今去日本　故有斯怪　王遣使求二人　迎烏曰我到此天也　乃以細烏所織絹　付送使者　曰以此祭天可矣　遂名祭天所曰迎日　仍置縣　是新羅阿達羅王四年也　我國人之為王於日本者　止此耳　但未知其説之是非也　大内之先　恐或出詞

（『筆苑雜記』巻二「迎烏・細烏」条(1)）

これらの伝説は、延烏郎の渡来を一五七（西暦）年のこととする。これは新羅第八代の阿達羅王（在位、一五四〜一八四年）の時代である。『三国史記』「新羅本紀」巻二には、この王の治世（二〇年五月）の一七三年に「倭女王卑彌呼　遣使來聘（卑弥呼が使者を送り來聘した）」と記されている。『後漢書東夷傳』「倭」条では、後漢末の桓帝（一四七〜一六八）・霊帝（一六八〜一八九）の治世に「卑彌呼　年長不嫁　事鬼神道　能以妖惑衆　於是共立爲王（卑弥呼という女王がいてすでにかなりの年かさでありながら未婚で、鬼神道（鬼道）を用いてよく人々を妖惑していた）[2]」と伝えている。史実かどうかは別だとしても、かなり早い時代ということになる。日本でもあやふやとされている卑弥呼の治世は、韓国と中国の史書による限り、延烏郎が来日して一六年後ということになる。

さて伝説では、延烏郎は日本人によって王に祭り上げられたという。そのため、『三国遺事』の著者一然も、「日本帝紀」を調べたが、新羅人で王になった人はいない、と本文の中で注釈している。逸文では「日本国の小島」に移ったとあるが、この頃国と言えるほどの国があったということ自体が史実とはあまりにも掛け離れているし、「日本」というのもおかしい。日本の国号ははるか後世にそう呼ばれるようになったからである。この「日本帝紀」も、これが何を指すかはわからない。

しかし、海野一隆の言うように、「日本」というのは、倭国を東方の国と考えていた古代韓国諸邦での命名であったように思われる。そして、この語は元来は新羅において漠然と東方極遠の地を指すものであったのではないかと、この延烏郎・細烏女伝説から推測される。日本側もそれ（日本）が好字であるが故に、漢字国号として採用したという推測もまた成り立つであろう。海野はこう述べている。

「日本」という漢字表記が「やまと」に当てられたものであったことは、『日本書紀』巻一に「日本、此ヲバ耶麻騰《やまと》ト云フ。下皆《しも》此ニ放《なら》へ」と記載されていることによって明らかである。さて、この漢字の「日本」はまさしく日の出るところの意であり、東方遥か彼方の水平線から太陽が昇ることを知っている日本列島の住民にとって、それが自分たちの住む土地を意味しないことぐらいは百も承知のはずであっただろう。(3)

記紀は、『紀』の新しい時代に属する部分を歴史の実録から採った以外、古代に属する部分は、皇室の系図である『帝紀』と、朝廷で作られ、または伝承された昔物語である『旧辞』を基礎とし、これを一つにまとめたもので、その帝紀や旧辞は、諸般の事情から考えて六世紀ごろに作られたものと言われている。一然が「日本国の王」になったと述べているから、もしかして、この日本の皇室の系図である『帝紀』を調べたのではないか。皇室の系図そのものが日本の史料であったため、「日本帝紀」と言ったのかもしれない。

『三国史記』「新羅本紀」巻六には、新羅時代の第三〇代文武王（在位、六六一～六八一）一〇年一二月の記事に「倭國更號日本　自言　迎日所出以爲名（倭の国が国号を変えて日本と自言した。その国は日の出のところにあるので、その名をつけた）」とある。また、中国の『新唐書東夷傳』「日本」条には、「日本　古倭奴也……（中略）天智死　子天武立　死　子摠持立　咸亨元年　遣使賀平高麗　後稍習夏音　悪倭名　更號日本　使者自言　國近日所出以爲名」[4]とあり、咸亨元年（六七〇）と年代まで記されている。

さらに『三国遺事』「紀異篇」元聖大王条の記録の中には、新羅時代の第三八代元聖王（在位、七八五～七九九）貞元二年丙寅（七八六）一〇月一一日に「日本王文慶　按日本帝紀　第五十五主文徳王疑是也　餘無文慶　或本云　是王太子　擧兵欲伐新羅……」と記されている。つまり、「日本の王文慶―日本帝紀を見ると、第五五代の君主文徳天皇が文慶王のようだ。その他に文慶はいない。或る本にはこの王の太子ともいっている―が兵を率いて新羅を攻撃しようと……」とある。ここでも一然は「日本帝紀」を見たとあるが、延烏郎・細烏女伝説の「日本帝紀」もこの日本の皇室の系図である『帝紀』のことだろうか。

次に延烏郎・細烏女伝説の逸文には、物語の始まりと終わりの部分に「日本国の大内殿」の話が見える。一然の『三国遺事』には大内については書かれておらず、延烏郎・細烏女伝説を取り上げているどの文献でも逸文の伝えや大内については言及していない。一然の『三国遺事』に載っている延烏郎・細烏女伝説は『新羅殊異傳』ではない他の古記録から写して書いたものかもしれない。あるいは大内についての内容を削除して記録したものかもしれない。それはともかくも、この部分は一考に値する。

延烏郎（迎烏）・細烏女（細烏）逸文の始まりの部分には、「日本国の大内殿は、以《おも》ふに其の先（先祖）は我が国より出《い》づ。向《さき》に之を慕《した》うこと、誠に尋常に異《ことな》る。予嘗《われかつ》て遍《あまね》く前史を考うるに、未《いま》だ出処《しゅっしょ》を知らず。但《た》だ新羅の『殊異伝』に云う……」とある。終わりの部分には、「……我が国人《こくじん》の日本に王たる者は、此《これ》に止《とど》まるのみ。但《た》だ未《いま》だ其の説の是非《ぜひ》を知らざるなり。大内の先（先祖）は、恐らくは或《あるい》は此《ここ》に出《い》づらん（5）」と記されている。

まず、大内殿とは誰かを述べなくてはならない。大内氏とは、一四世紀半に大内弘世の時、周防国を平定し、その後一六世紀半頃毛利氏に滅ぼされるまで、中国地方や北九州地方一帯を治めた強力な氏族である。大内氏は中国や韓半島との貿易を一手に握り莫大な富をたくわえていった。大内氏は多々良氏から分派した家系である。周防国ではすでに平安末期に多々良、賀陽《かや》、土師《はじ》といった氏族が有力であったが、多々良氏の中でも、周防国吉敷《よしき》郡大内村の大内氏がのちに鎌倉時代末期に守護大名として成長する基盤を築いていたと言われる（6）。

当時のいわば国際人として独自の感覚を持っていた大内氏であるから、自らの先祖を親近感を抱いていた朝鮮に求めても何ら不思議ではない。一五世紀末の大内政弘の代のときまでに徐々に整えられていった家系の伝説は、百済国第二七代王の牟璋（または威徳王、在位五五四～五九八）の第三王子である琳聖太子が推古天皇一九年（六一二）に周防国佐波郡多々良浜に着いたのち、

聖徳太子に謁し、聖徳太子から周防の大内県《あがた》を所領として与えられ、多々良の姓も賜った、という内容に定着していった。(7)

多々良氏については、『姓氏録』の「山城諸蕃」に、任那国主の子孫としての周防の多々良公が見えるし、『大内系図』には琳聖太子の来日と、大内の祖正恒が多々良姓を賜ったことが記されている。なお別本『大内系図』には琳聖は斉明王(聖明王)の第三皇子としている。(8) 斉明王とは百済国第二六代の聖王(在位、五二三〜五五四)のことである。

しかしこの琳聖太子については、日本にも韓国のどの書物にも記録されてなく、実在した人物かどうかはわからない。したがってここで言いうることは、韓半島との貿易に大きな力を有していた大内氏が古代の朝鮮と深い関係があったということである。『姓氏録』に載る多々良公の「多々良」は『紀』「神功皇后」五年条の蹈鞴津《たたらつ》のように韓半島東南の地名(釜山領域の「多大浦」)であろう。ふつう蹈鞴というと、足踏みのふいごのことである。古代の製錬法は、炉《ろ》に砂鉄と木炭を入れ、この蹈鞴で送風して行うものであった。おそらく多々良氏は製鉄に携わる人びとだったのかもしれない。

『筆苑雑記』の逸文に戻ると、初めと終わりの部分になぜ大内氏のことが書かれ、迎烏・細烏伝説が真中にはさまる形になっているのかという疑問が生じてくる。この書物の刊行は一四八七年であるから大内氏の全盛時代である。〔李氏〕朝鮮王朝時代には、大内氏については朝鮮でもよく知られており、おそらく大内氏関係の人物が迎烏・細烏伝説を知っている者に、大内氏の出自をかなりしつこく尋ねたのであろう。尋ねられた者は、伝説中の迎烏が日本に渡って王と成ったという伝説を覚えていて、これを引き合いに出して答えようとした。しかし迎烏が大内氏の先祖であると断定するにはためらいがあったということであろう。

いずれにしても、前後の部分は後世の加筆としても、伝説そのものは九世紀以前のものであることは動かない。

2 「都祈野」と日神信仰

「延烏郎・細烏女」という、この夫婦の名前であるが、延烏郎の「延」には「案内して迎えいれる」「招き寄せる」という意味がある。事実、逸文では「延烏」は「迎烏」となっている。「烏《からす》」は、前にも述べたとおり、古代中国に見える「太陽の中の三足烏」や、また日本の日神アマテラスの使者としての八咫烏のように、太陽のシンボルであろう。

また「細烏女」の「細《せ》」は、新羅の古称で「東」を意味するとされ、(9) 太陽の昇る方角と関係しているのかもしれない。その細烏女が織った絹織物をもって天を祭り、日月の精を取り戻したという場面があるが、これは日本のアマテラスの日蝕神話（天岩戸隠れ）やアマテラスが神衣を織ったという説話を想起させる。

伊勢神道の根本教典とされている『神道五部書』の中には、「天照荒魂　亦名瀬織津比咩神（アマテラスの荒魂、また別の名はセオリツヒメの神）」としている（筆者訳）。また『近江国風土記』逸文「八張口の神の社」には、伊勢の左久那太李《さくなだり》の神を忌んで祭っているのは瀬織津比咩である、と記されている。[10]「セオリツ」の「ツ」は「の」で、「セオリ」は日本語の「添《そほり》」と同じ言葉で、天照大神は新羅の都にいた「ソウルノヒメ」という説がある。今日、韓国の首都を「ソウル」と言っているが、これは新羅語でも「都」や「京」を意味するという。[11]セオリツヒメの「セオ」が細烏女（セオニョ）の「セオ」と発音的に類似する点と、両者共に織物をしていた点には注目できよう。

新羅の細烏女のように、祭神のために神衣を織るという神話は世界に広く分布している。日本神話にはアマテラスが忌服屋で絹の神衣を織っている最中に、スサノオが逆剝にした馬を屋根を壊して投げ込む場面がある。記紀神話では、稲と、蚕の繭から作られる絹織物とは、至高神アマテラスに由来する。アマテラスの子孫とされる天皇は、毎年の収穫祭として新嘗祭を行い、また即位儀礼として新嘗祭の発展形態である大嘗祭も行う。これらは基本的には稲の祭りである。また大嘗祭では神座に白生絹で織られた神衣が置かれ、さらに神座の左右の竹製の籠にも絹が置かれるという。[12]

細烏女の織物で天を祭って、国宝にした内容について、三品彰英は以下のように述べている。

「天照大御神、忌服屋《いみはたや》に坐して、神御衣織らしめたまふ」（『記』）と比すべきである。天神の妃の織る神聖な絹幅は、やがて地上の君長が天神を招ぎ祀る招代であり、出現する神にとっては降臨の用具となる。すなわち御あれ祭の天羽衣と同じである。……神霊降臨の用具と考えられたシトネや天羽衣を、地上の人間が身に付けると、神と同じ行為であることによって神となり得る。すなわち新しく神が降臨したことを意味する。……シベリアのシャーマンはその着用する外衣に呪力の源泉を考える。ある場合にはシャーマンの着衣は、祖先の生命がそれによって象徴されていると考えられ、これを着用することは力強い呪法力を世襲的に継承することを意味している。(13)

一方、『紀』「応神天皇」一四年春二月条には、「百済王が縫衣工女《きぬぬいおみな》を奉った。真毛津《まけつ》という。これがいまの来目衣縫《くめのきぬぬい》の先祖である。この年、弓月君が百済からやってきた……」(14)とある。仁徳天皇条まで、こうした絹織の工を求める話がたびたび出てくる。『三国誌魏志東夷傳』「倭人」条には、政始四年(二四三)に卑弥呼が使節を送り絹を献上した、とある。中国の『山海経』「大荒東経」には、「湯谷の上に扶桑有り、一日方に至れば一日方に出づ」とある。松村一男も指摘しているように、桑の葉は蚕を育てるから、桑の木は太陽が出入りする聖樹とする信仰が存在したと思われる。(15)延烏郎・細烏女伝説で絹が重要なモチーフになっている点を考えると、古代韓日間の養蚕や絹織物の交流が推測できる。

また延烏郎・細烏女伝説を日蝕と関連づける研究もある。韓国の蘇在英と日本の中田薫によれば、中国の『後漢書』「桓帝本紀」に見える「永壽三年　閏（四）月　庚辰晦　日有食之」という記録の永壽三年は一五七年にあたる。この年が新羅時代第八第阿達羅王の四年と一致している点から考えると、延烏郎・細烏女の伝説は日蝕祭祀ではないかという。(16)

三品彰英は延烏郎・細烏女伝説について、

アマテラス大神・ツクヨミノミコトの組合わせにはいろいろの疑問がかけられるが、それが日月神話の断片を伝承しているものとしても、日神が女性、月神が男性である点が、朝鮮神話との根本的な相違として注意されるのである。……延烏郎・細烏女のように日男・月女の観念は、西方系の内陸アジアの太陽＝男性表象の影響をうけて変容した新しい形態である。(17)

と説明している。しかし、確かに延烏郎の「郎」は男性を表わす言葉ではあるが、延烏郎が日神（太陽神）であると断定しているところはどこにもない。それに物語の中では、延烏郎が居なくなった時点では日月の光は無くなっていない。むしろ細烏女が夫の後を追っていき日本で再会した頃に新羅に日月の光が無くなるのである。特に細烏女が織った絹織物で祭祀して日月の光を取り戻せたのは、日本のアマテラスと同様に、日神＝女性、つまり日神＝細烏女の象徴を暗示していたと考えられる。なぜ三品は延烏を日男（日神）、細烏を月女（月神）としたのか、その根拠がはっきりしない。

次に、天を祭った場所は「迎日縣」または「都祈野」とある。迎日は湾であり、韓半島の東端（現在の慶尚北道迎日郡都丘洞の海岸）に位置している。したがって、どこよりも日の出を間近に望むことができるスポットである。迎日とは、「日の出を迎える」「太陽の動きをあらかじめとらえて事を行う」という意味を有する。日本で古代より行われた「日待ち」のように、太陽神の祭祀には朝日と夕日が美しく眺められる場所が選ばれるが、とりわけ朝日が昇り始める瞬間をいちはやく望むことのできる東方の海浜が最適の地となると思われる。

実際にこの迎日湾岸で太陽祭祀が、新羅時代には王室によって、〔李氏〕朝鮮王朝時代には迎日県知事によって営まれ、そこは「해달못」（ヘダルモッ）と呼ばれていた。後に「해」は「日」、「달」は「月」、「못」は「池」というふうに漢字を当てて「日月池」（現在では日池だけが残り、月池は跡だけが残っている）と表記された。その遺跡はまた「天祭池」（天を祀った池）「光復池」（日月が光を取り戻した池）とも呼ばれた(18)。

ところで前にも述べた伝説中の「日本」という言葉について考えてみたい。この古い延烏郎・細烏女伝説が史実を語っていると見なすと、矛盾点が生じる。二世紀にはまだ日本という国名はなくて、『三国遺事』も『三国史記』も七世紀後半になるまでは「倭」で通している。

『三国史記』「新羅本紀」巻六には、第三〇代の文武王一〇年（六七一）の記録に初めて「倭國更號日本　自言　近日所出以爲名」と詳しく説明されている。すると、伝説中の日本は日本国ではなく、日の精の本《もと》の国、すなわち太陽そのものを指したのではないだろうか。井上秀雄はこれ

日月池（慶北日報、2009年12月15日、4面）

延烏郎・細烏女銅像（慶北日報、2013年10月28日、11面）

について、延烏郎・細烏女が「その神威の源泉である日のもとに移り住んだということで、この日本は、日精・月精の国であったものが、八世紀以降、国名としての日本と混同したものとみられる」と述べている。(19)後述する天日矛の妻、アカルヒメは「祖《おや》の国（または東の方）」に行くと言い、日本に渡ったとあるが、ここでいう日の出の方向は東であるから「日本」というのはまさに日の精の本《もと》の国を指すのではないだろうか。

迎日県は元は都祈野《トキヤ》とも呼ばれたが、迎日県になったのは新羅第三五代景徳王（在位、七四二～七六四）以後である。『三国史記』巻三十四「雑誌」地理一には、「臨汀《イムジョン》縣は本来斤烏支《クノヂ》縣で、景徳王が（臨汀縣に）改名したのが、今の迎日縣である」と記されている。また『朝鮮王朝實録（世宗莊憲大王實録）』（一四一八～一四五〇）巻第一百五十四の「地理志」迎日県条でも、「迎日」の古名を「斤烏支」といっている（「迎日縣本斤烏支縣景徳王改名臨汀」）。臨汀縣の臨汀とは、日の出る聖なる所という意味である。

新羅は景徳王時代から王名や地名に漢字の音と訓の表記方法を取りはじめたことがうかがえるが、『三国史記』に初めて「県」の名称が出てくるのは第八代の阿達羅王四年（一五七）である。そこには「四年　春二月　始置甘勿　馬山二縣」とあって、延烏郎・細烏女伝説と同じ年ではあるが、「迎日」がこのとき「県」になったとは思えない。県になったのは、もっと後世になってからであろう。

この「都祈野」や「斤烏支」の表記と意味を詳しく研究した金思燁や大和岩雄によれば、「都

祈野」も「斤烏支」も古代新羅語で「日の出」とか「迎日」の意味とされる。[20] 大和岩雄の指摘によれば、日本語の「トキ」も、いわゆる「時」のことというより「夜明け」や「日の出」のことであり、「鶏がときを告げる」という場合の「とき」である。[21] 実際に現代でも韓国では、「日の出」の瞬間を「해돋이」（ヘトチ→ヘトキ）と言っている。ここでいう「해」（へ）が日であることは前述した。以上のような理由から「都祈野《トキヤ》」は、朝日を拝した日神の祭祀場を意味するものと思われる。

この「トキヤ」の「トキ」の地名は、日本の古い文献にも見られる。『記』「仁徳天皇」条に、「この御世に、兎寸（とのき）河の西に一つの高樹ありき。その樹の影、旦日《あさひ》に当れば淡路島に逮《およ》び、夕日に当れば高安山を越えき。かれ、この樹を切りて船を作りしに、いと捷《はや》く行く船なりき。時にその船を号《なづ》けて枯野《からの》といふ」[22]とある。また『播磨国風土記』「讃容《さよ》の郡」中川《なかつがは》の里の条にも「河内国兎寸（とのき）の村」とある。

大和岩雄は、この地名に当たる場所は、新羅の都祈野で天（日神）を祭ったように、日の出を仰ぐ古代の祭祀場であった、と述べている。[23] 河内には「日下」の地もあり、ここが神武天皇以前の天孫族の王、ニギハヤヒの降臨地だとする谷川健一の説[24]とあわせて考えると、非常に興味ぶかい。

鶏がつげる「トキ」とは「時」でなく「日の出」の意味であるとされるが、この「トキ」の付く地名が、古代の日神祭祀と関係したと言われる日奉部や日置という地名と共に日本の各地に残されている。その一例を挙げれば、埼玉県には比企《ひき》（日置から来たものであろう）郡都幾《とき》川村（現、ときがわ町）に都幾《とき》川や槻《つき》川[25]があり、また都幾山がある。

以上、延烏郎・細烏女伝説に見える「都祈野」から古代の日神祭祀について考察した。そこには韓日に共通のいくつかの要素があることを明らかにできたと思う。

3　天日矛の出自――阿加流比売の日光感精神話、蔚山出身の製鉄集団

延烏郎・細烏女伝説は韓日の日神祭祀の比較研究に貴重な素材を与えているが、いわば延烏郎・細烏女伝説の日本版というべき同じような伝説が、古代日本にも存在する。韓半島から日本へ渡来したという天日矛伝説である。

記紀によく取りあげられる天日矛（天日槍、天日桙とも書く。以下、アメノヒボコとする）は、『紀』「垂仁天皇」条記載の意富加羅國《おほからのくに》（大加羅国）の王の子、都怒我阿羅斯等《つぬがあらしと》（またの名は于斯岐阿利叱智干岐《うしきありしちかんき》）と同一人物とされる。

矛は槍《やり》のような武具であり、槍が使われ出したのは鎌倉時代と言われている。森浩一は、「人を突き刺す武器を『ヤリ』と発音するのは鎌倉時代以降で、矛・鉾・戈・槍はどれも『ホコ』の発音だった」と述べている。[26]『三国志魏志東夷傳』「倭人」条では、倭人の武器の第一に矛が挙げ

られている。矛はまた日神を祭る道具であった。アマテラスの岩戸隠れの場面で、天鈿女命《あめのうずめのみこと》が矛を持って踊りアマテラスを誘い出したように、矛は日神を招くための呪具にも使用された。

アメノヒボコが持参して出石《いずし》（但馬）の神宝となった品目の中には、矛以外に日鏡もあった。これも日招《ひお》ぎの儀礼に用いられた聖具であった。特に天孫降臨のさい、鏡はアマテラスの分身として祭るように命じられている。大和岩雄によれば「日矛（槍）は武器としてでなく、日や火の光を受けて照り輝く呪具であった[27]」。

アメノヒボコが新羅から日本にどういう経緯で渡来したのかを記紀に即して辿ってみよう。

ある日、新羅の阿具沼のほとりで女が昼寝をしていた。そのとき日光に照らされて妊娠し、赤〔石〕（『紀』のツヌガアラシトにまつわるエピソードでは、白〔石〕）玉を生んだ。赤石は化して美女となり、新羅の王子、天日矛の妻となる。しかし妻は「わが祖《おや》の国に行く」（『紀』では、「東の方に行く」）と言い、小船に乗って日本に渡る。小船は難波（大阪）に留まり、妻は比売碁曾《ひめこそ》の社の阿加流比売《あかるひめ》という神となる。天日矛も後から妻を追って難波まで来たが、海上の神に妨害され、仕方なく但馬（兵庫）に留まる。そしてその地の太耳《ふとみみ》の娘俣尾《またお》（『紀』では、麻多烏《またお》・麻沱能烏《またのお》）を妻とし、田道間守《たぢまもり》（多遅麻毛理、以下タジマモリ）や清彦（清日子）、また神功皇后の母など多くの子孫を残した。（要約は筆者）

ここで、女が日光に照らされて赤玉を生むのは、古代韓国の神話と同様に明らかに日光感精・卵生説話である。細かく見ると、赤い玉は太陽の象徴であり、阿加流比売は「明るい日女《ひめ》」という意味であろう。祖《おや》の国や東の方というのは日の出る所を指し、太陽すなわち日神との関係を暗示する。延烏郎・細烏女伝説の「日本」つまり日の本《もと》（日の精）の国が想起される。

比売碁曾の「碁曾《こそ》」（語曾、許曾）(28)は、新羅時代の初代王とされている赫居世《ヒョクコセ》の「居世《コセ》」という敬称から出たもので、これは「神社」を表わすという説がある。(29)ちなみに、日本ではなじみの「神宮」であるが、新羅の祖神廟は、第二代南解（次次雄）王が初めて（紀元六年）つくって、妹の阿老《アロ》に祀らしめた。この祖神廟がのち（四八七年）に、「神宮」と書かれるようになる。ここに初めて「神宮」ということばが出てくるが、金達寿によると、これが古代韓国・日本を通じて最初のものであり、これがそのまま日本の神宮になり、神社にもなったものであろうという。(30)

『摂津国風土記』逸文「比売島の松原」（大阪市西淀川区姫島町）には、アメノヒボコとその妻（アカルヒメ）にまつわる以下のような伝説が見える。

昔、軽島の豊阿伎羅《とよあきら》の宮に天の下をお治めになった天皇（応神天皇）のみ世に、新羅の国に女神があった。その夫からのがれて来て、しばらく筑紫の国の伊波比の比売島（大分県の東国東郡の姫島）に住んでいた。そこでいうには、「この島はこれでもまだ遠いとはいえない。もしこの島にいるならば、〔夫の〕男神が尋ねて来るだろう」と。それでまた移って来てこ

の島にとどまった。だから、もと住んでいた土地の名をとってこの島になづけたのである。(31)

この伝説中の女神は、記紀に見えるアカルヒメである。後から追ってきた男神はアメノヒボコであり、渡来人にもかかわらず日本の皇孫神に冠される「天」や「日」の名を負っている。これは日本の皇室との関係を暗示するであろう。『記』の歴代天皇の巻の中で、皇族以外に「系譜」をもつのは、「崇神天皇」条のオオタタネコ(大物主神の子孫)とニギハヤヒ、アメノヒボコだけである。(32)アメノヒボコは『筑前国風土記』逸文「怡土《いと》の郡」条では、高麗の国(高句麗)意呂《おろ》山(現在の蔚山《ウルサン》に比定されている)に天から降りて来たとある。天神の御子であるとも考えられ、これは明らかに山上降臨の垂直型始祖神話と見なしうる。蔚山は前節の延烏郎・細烏女伝説に出てくる迎日湾に近く、現代でも韓国有数の産鉄地帯である。『三国志』や『後漢書』の「韓伝」条にも、弁韓と辰韓の諸国の鉄を倭や中国側の諸国が買い求めている、と記されている。

『記』によれば、アメノヒボコの持参した「玉津宝《たまつたから》」は八種ある。この宝について、「こは伊豆志の八前の大神なり」と注記され、また後続の本文には「この神の女、名は伊豆志袁登賣神《いづしをとめのかみ》坐《ま》しき」(33)と述べられている。それゆえ、この「玉津宝」は明らかに神であり、これを奉じたアメノヒボコは、神に仕える役割を有する者と考えることができる。

『紀』「垂仁天皇」三年三月条に、アメノヒボコが播磨国に来ている時に天皇が、三輪君の祖の大友主と、倭直の祖の長尾市を遣して、アメノヒボコに問わしめたとあるのは、注目できよう。

天皇の使者が三輪の君と倭直の祖であったというのは、三輪山の祭祀とアメノヒボコとが何らかの関係があると考えられる。

アメノヒボコは葉細《はほそ》の珠《たま》・足高《あしたか》の珠・鵜鹿《うかか》の赤石の珠・出石《いずし》の刀子《かたな》・出石の槍《ほこ》・日の鏡・熊の神籬《ひもろぎ》・胆狭浅《いささ》の太刀などの宝物を持って来て但馬国の神宝としていた。後に、この出石の神宝は天皇に献上するように求められた。そのさい、アメノヒボコの曾孫清彦は霊剣である出石の刀子を抜いて献上を拒んだ。しかし結局は天皇（『紀』垂仁天皇）に没収され、神武天皇を祀る聖具に加えられた。このようにアメノヒボコないしその名で象徴される氏族ないし集団は、宗教的にも政治的にも大きな力を持っていたことがうかがわれる。

以上から、天日矛とその妻は、日神を祀ると同時に鉄の生産技術を持った、かなり有力な渡来集団を人格化したものであったと考えることができる。

前述の『筑前国風土記』逸文「怡土《いと》の郡」の条の、アメノヒボコの子孫、五十跡手《いとで》の記述と同内容の話は『紀』「仲哀天皇」八年条にもある。アメノヒボコの子孫と称する者が伊都国にいたという伝承は、アメノヒボコの上陸地が糸島半島であり、その勢力は現在の下関地方にも及んでいたことがわかる。

『新撰姓氏録』「未定雑姓」には、糸井造は三宅連と同祖で「新羅国人天日槍命之後也」とある。谷川健一は、この糸井郷に兵器の神と目される兵主《ひょうず》神社が置かれていることも見のがすことができないという。(34) 一般に兵主の神といえば、蚩尤《しゆう》が語られる。蚩尤は中国の古伝説上の諸侯の一人であり、黄帝と戦って殺されたが、蚩尤は風を支配し、ふいごによる青銅の兵器の製作者であった。砂と石あるいは鉄を常食していたが、これは砂鉄によって兵器を鍛造していたことを伝えるのではないか、と説かれている。

その兵主の神が日本では、播磨・但馬・和泉・近江などに祀られているが、そのほとんどが日矛を神体として祭っている。千田稔は、新羅の王子、アメノヒボコ渡来伝承は、弥生時代の鉄の伝来を語るものとする立場を取り、西日本の兵主神社と王権の成立との関わりを読み取ろうとする。千田はこれによって邪馬台国の成立も説明できるという。つまり、卑弥呼が共立される契機となった倭国の乱は、鉄の輸入ルートの争奪戦であったというのである。(35)

先の『紀』「垂仁天皇」三年三月条の、三輪君の祖の大友主と、倭直の祖の長尾市をアメノヒボコのもとに遣わせたさいに、アメノヒボコが宝物を天皇に献上しているが、このことは、銅製などの祭器から鉄を加工した鏡を用いる祭儀への転換を意味しているのではないだろうか。伊勢神宮起源伝説の別伝（「垂仁天皇」二五年三月条）には、大倭大神《やまとのおおかみ》の祭祀に「神地《かんどころ》を穴磯邑《あなしのむら》に定め、大市《おおち》の長岡岬《ながおかのさき》を祠《いは》ひまつる」とあり、大倭直《やまとのあたい》の祖長尾市宿禰《おやながおちのすくね》に祀らせたとある。大倭大神とは、今日の大和神社（天理市新泉《にいずみ》）で、式内社大和坐大国魂神社である。(36) また三輪君の祖、大友主が祭祀したのは三輪山の神、オオモノヌシである。

鉄器製造という点から、ホノニニギノミコトを初めとする神武天皇系の神々の名前を見直してみると、冶金術と関係の深い、ホ＝火が皆冠されていることに気づく。「火」を名前の中に持つ天孫族が、伽耶から北九州に渡ってきたのであろう、という想定と関連して興味深いことは、新羅の古地名（伽耶国のあった洛東江流域を含む）に、「火」を冠するものがじつに多い事実である。(37)『三国史記』巻三十四の「雑誌」地理一から、そうした地名を調べてみると、高句麗・百済には「火」が付く地名がせいぜい二つしかなかった。それも地理的には新羅の方に近い地域である。ところが新羅の場合、火の付く地名は多く、例えば慶尚南道昌寧は、第三五代景徳王（在位七四二～七六四、景徳王は膨大な規模で地名を改名した）時代以前は「火王郡　本比自火郡　一云比斯伐（火王郡は、もとは比自火郡、または比斯伐）」と言っていた（訳と傍線は筆者）。

上垣外憲一はその著『倭人と韓人――記紀から読む古代交流史』で、古代の新羅の地名について詳細な研究をしている。火王郡はもともと韓国語の地名であったものが、意味をとって火王と漢字名になったと考えられる。また昌寧には火旺山という山があるが、火王が火旺であるとすれば、火の盛んな様子を示した地名なのだろう。(38)火旺山では古来、旱のときには祈雨祭を行なったという伝えがある。山の周辺には大型古墳群があり、そこからは金環製品、特に製鉄武具は最も多く発掘されている。今日では、毎年秋になると頂上で葦を燃やす火祭りが盛大に行なわれている。

また、この他にも景徳王以前以後を含めて数多くの火の付く地名があるが、こうした「火」の地名が、製鉄と関連すると考えられるもう一つの地域がある。景徳王が高霊郡と改名した大加耶国の領域である。そこには、「冶爐縣　本赤火縣」と『三国史記』に記されている（傍線は筆者）。

上垣外によれば、「冶爐縣　本赤火縣」は地名からして、製銅あるいは製鉄の行われた地と考えられるという。また火旺＝ホノニニギ、赤火＝ホアカリのように、天孫族の名前の漢訳のような地名が登場するのは、製鉄に必要な強い火があかあかと燃え盛る地として付けられた名称であろう。また、製鉄と関係の深い部族であったからこそ、火の盛んに燃えるさまを表現した人名も現れたのであろう。(39)火が「ホ」であるのはわかるが、なぜ旺が「ニニギ」なのか。普通、稲の実って赤らんできたことを「ニニギ」と言うが、他の意味もある。例えば、『漢字源』には、日の光がさかんに四方に広がることとある。おそらく「にぎやか」「にぎわう」の「にぎ」のように何かが旺盛《おうせい》（さかん）な様子だろう。

古代韓国の王権神話には鍛冶要素が見える。高麗時代の文集『東国李相國集』（李奎報一一六八〜一二四一）には、『旧三国史』（現存しない）の中から引用したという「東明王」伝説が記録されている。そこには天帝の息子、解慕漱（朱蒙の父）が、熊心淵辺りに宮殿を建てるとき、馬の鞭で地面をたたくと、一瞬の間に銅室が現れたという記述が見える。また『三国遺事』「紀異篇」脱解王の条には、新羅の昔氏の始祖となった脱解王が、「我本冶匠」と言ったと伝えられているのは、彼が、まさに、いわゆる「鍛冶王」（シュミートケーニッヒ、Schmidtkönig）であったことを示すものと言えるだろう。

古代社会における鍛冶師とシャーマンの関係について、護雅夫は以下のように論じている。鉄が邪気をはらう異常な霊力をもつと信じられていたとすると、それを直接生産し、使用する鍛冶師が、病気の治療や呪術を行なうことによってシャーマンに近づいてゆくことは、たやすく想像される。鍛冶師は鉄だけではなく、シャーマンが祭儀の実修のさいに使用するさまざまな祭具も作る。したがって鍛冶師は、つねにそうしたシャーマンの祭具に触れる結果、その祭具のもつ霊力を体得して、自らが呪術師、シャーマンになるのだという。(40)

北アジアの遊牧民族である突厥やモンゴルの君主は、このようなシャーマンと同時に鍛冶師であり、王権の起源の一つはこうした呪術力、霊的権威にあったと言えるだろう。

三品彰英は脱解王の伝説について次のように結論づけている。

鉄に呪力を認める民俗はギリシャ・ローマの古俗にも見られるが、シベリアや満蒙のシャーマニズムの間に特に顕著であり、タイラーは「東洋の精霊は鉄に対して致命的な恐怖を持ち、鉄という称呼さえ彼に対する魔除となる」とまで論じている。……『魏志』東夷伝に辰韓の地に鉄を産することを記しているが、当時はなお金石併用の時代であり、ここにタイラーがいうように、石器時代の創造にかかる精霊に対し、この新しい金属は有効な駆除力を有する呪具となったのである。少なくとも呪師君長である脱解王が冶匠であったという古伝説は上記のごとき民俗的見方において理解されるであろう。……脱解が冶匠であり、月城の旧宅址と自称するところからその証拠である礪炭を掘り出したという話は……まず天童地のタテラ（竜良などの文字が使用されている）という名称が日本・朝鮮関係の古地名に多いタタラの訛らしく考えられる。……「タタラというのは、新羅の方言に出しと見えたり」という新井白石の説もあながち根拠のないものではない。……白石説はどこまでも一つの推定説にとどまろうが、それにしてもわれわれの注意をひくに足るものである。(41)

アメノヒボコの「日矛」は「日」(太陽)であって「火」ではない。しかし日本語では日と火は同じ「ひ」であり、実質的にも地上の火は天上の火である太陽と同じものである。したがってアメノヒボコが製鉄集団であるということと、太陽祭祀の宗教を奉ずる集団であるということとは矛盾しないのである。「火」と「日」に関して肥後和男は次のように述べている。

ニニギノミコトが天津彦彦火瓊瓊杵尊と名乗っているように、一種の火の神たる本質をもつことが、その子に伝わったのである。そして次のウガヤフキアエズノミコトには火の神たる名がないが、その子とされる神武天皇は、そのまたの名を彦火火出見尊といわれたとあるから、火の神という性格がずっと皇祖について考えられていたらしい。これは太陽が天上の火であるのに対し、天皇を地上の火とするものであった。(42)

4　天日矛とその一族の伝説——記紀や他の古書に見る日矛の日神的要素

ここでは、アメノヒボコとその一族の伝説を記紀や他の史料に探り、そこからアメノヒボコの日神的要素を考察する。

(1)　日矛と天皇家の祭祀との結びつき

韓半島南部には阿羅（安羅）、加羅、多羅などのたくさんの小国家群があった。後にこれらの小国家群は新羅国として統合された。記紀のアメノヒボコは、「新羅の王子」で渡来人とされているが、そういう小国からの渡来集団だったのであろう。しかしアメノヒボコは渡来人の王子にもかかわらず名前に「天《あめ》」を冠している。このことは「天」を冠している種族、いわゆる天孫民族の由来が大陸の北方系民族であることを暗示していないだろうか。応神天皇の母は、瀬戸内海伝説や新羅遠征伝説の主人公の神功皇后であり、神功皇后の先祖はアメノヒボコである。(43)

記紀や風土記に見える、アメノヒボコが瀬戸内海から北上して製鉄地を目指したと思われる道筋と、神功皇后の新羅遠征の伝説は、その経路がほぼ一致する。『記』がアメノヒボコ伝説を、神功皇后の子、「応神天皇」の条（『紀』では、「垂仁天皇」条）に収めていることは、アメノヒボ

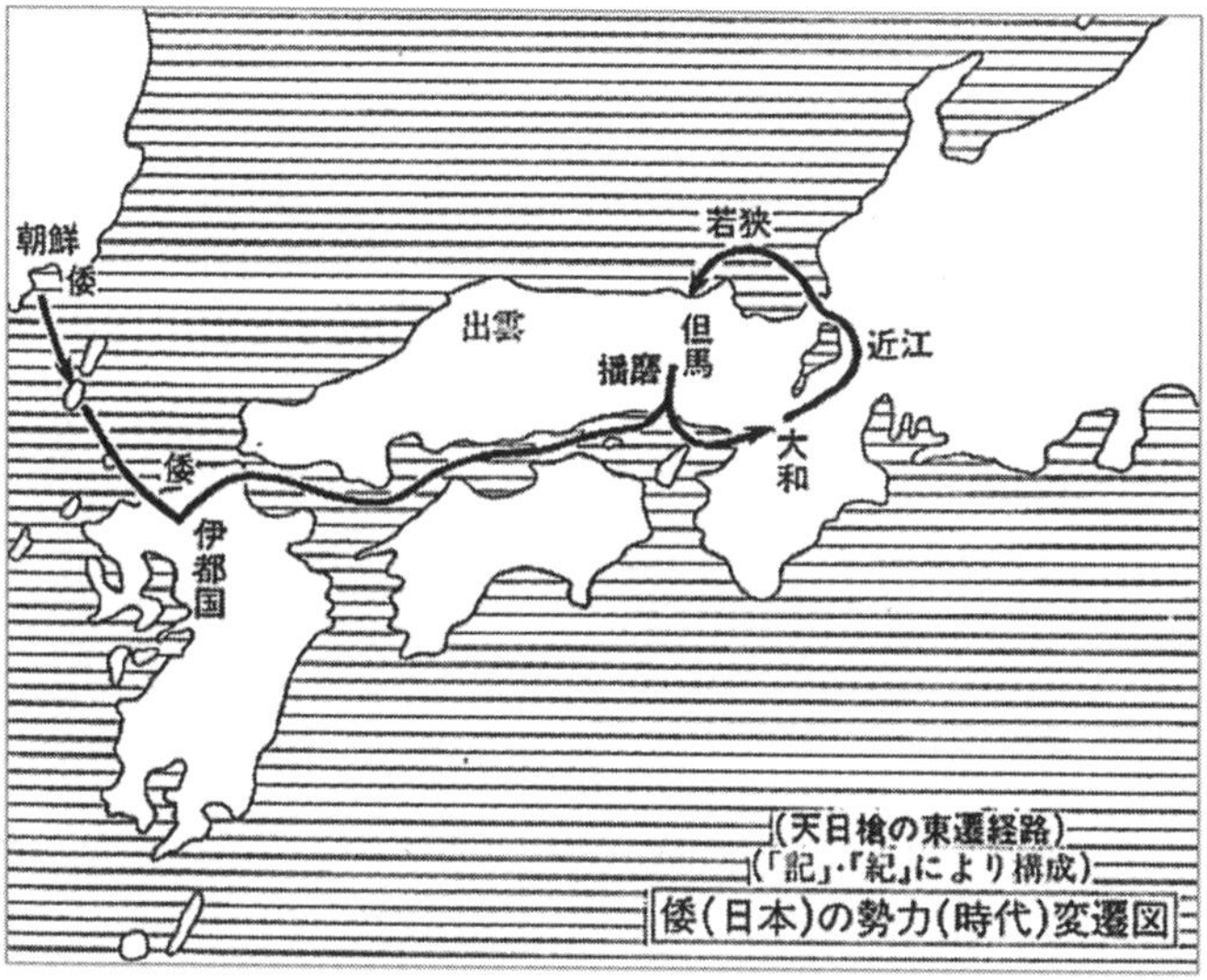

〈宮下豊著『但馬国から邪馬台国へⅢ』（新人物往来社、1994年）より転載〉

コの古代出雲の王であるオオクニヌシとの戦いが『播磨国風土記』等に散見されることも考えあわせると、皇室と何らかの密接な関わりがあるものと思われる。

『播磨国風土記』や『紀』の「垂仁天皇」三年条に見えるアメノヒボコは、主に瀬戸内海を北上して、播磨国、淡路島、近江国、若狭国等を次々と廻り、最後に但馬国に落ち着いている。

『播磨国風土記』「揖保《いひぼ》の里」の条には、彼が播磨の宇頭河下流の川口に着いて、葦原志挙呼命《あしはらのしこおのみこと》（＝オオクニヌシ）に宿を乞うた話がある。アメノヒボコが言うには、「『汝《あなた》はこの国の主《ぬし》（首長）たる方である。私の泊まるところを与えてほしい』と。そこで志挙呼は海上にいることを許した。その時客神《まれびとがみ》は剣をもって海水を掻きまわしてこれに宿った。すなわち主の神は客の神のこのたけだけしく盛んな行為に恐れかしこんで客神よりも先に国を占めようと思い、巡り上って粒丘まで来て急いで食事をした」(44)という。

また『播磨国風土記』「御方《みかた》の里」の条には、「御形とよぶわけは、葦原志許呼命は天日槍命と黒土《くろつち》の志爾嵩《しにたけ》にお行きになり、お互いにそれぞれ黒葛《つづら》（蔓草）を三条《みかた》足に付けて投げ合いなされた。その時葦原志許呼命の黒葛は、一条《ひとかた》は但馬《たじま》の気多《けた》の郡に落ち、一条は夜夫《やぶ》の郡に落ち、一条（三条目）はこの村に落ちた。だから三条《みかた》という。天日槍命の黒葛はみな但馬の国に落ちた。だから但馬の伊都志《いづし》（出石）の地を占めておいでになる」(45)とある。これは、アメノヒボコがオオクニヌシと土地の占拠をめぐって戦ったことを物語っている。

一方、今見た『播磨国風土記』「揖保の里」の条では、アメノヒボコは「客神《まれびとかみ》」とされている。『豊前国風土記』逸文「鹿春《かはる》の郷」の条では、「昔、新羅の国の神が自分で海を渡って来着いて、この河原に住んだ。すなわち名づけて鹿春の神という」(46)とある。また『古語拾遺』「垂仁天皇」条には、「新羅の王子《みこ》、海檜槍《あまのひぼこ》来帰《まゐけ》り。今但馬国出石郡《たぢまのくにいづしのこほり》に在りて大きなる社《やしろ》と為《な》れり」(47)とある。この、天日矛の「天《あま》」が「海《あま》」であるということは、上述の「剣で海水を掻きまわしてこれに宿った」という記述とあわせて考えると、アメノヒボコが海洋型の日神的要素も有することを示唆している。

次に天皇家との関係だが、アメノヒボコが神功皇后の先祖であるということのほかにも、『紀』

には天皇家の祭祀との深い関係を示す記述が見られる。「垂仁天皇」三年条の別云に、「時に天皇、三輪君《みわのきみ》が祖《おや》大友主と、倭直《やまとのあたひ》の祖長尾市《ながをち》とを播磨に遣《つかは》して、天日槍を問はしめて曰《のたま》はく……」(48)とある。前にも触れたが、この二氏は崇神・垂仁天皇両紀の所伝では三輪のオオモノヌシの神および倭大国魂の奉祀問題に最も関係の深い人物である。天皇の勅を受けて彼らが外来のアメノヒボコを迎えたという伝説は、大和における祭祀儀礼とアメノヒボコの宗教儀礼との関係を強く示唆するものであろう。すなわち大和朝廷は大陸のシャーマニズム的諸儀礼を受容することによって、その祭政機能を一層充実したものと思われる。(49)

またこれも前述したことだが、『紀』「垂仁天皇」三年三月条によれば、アメノヒボコが「将《も》て来る物は、羽太《はふと》の玉一箇《たまひとつ》、足高《あしたか》の玉一箇、鵜鹿鹿《うかか》の赤石《あかし》の玉一箇、出石《いづし》の小刀一口《かたなひとつ》、出石の桙《ほこ》一枝《ひとつ》、日鏡一面《ひのかがみひとつ》、熊《くま》の神籬一具《ひもろきひとそなへ》、并《あわ》せて七物《ななくさ》あり、則《すなは》ち但馬国《たぢまのくに》に蔵《をさ》めて、常に神の物とす」(50)とある。また八八年七月条には、次のように記されている。

新羅の王子天日槍、初めて来《まうこ》し時《とき》に、将《も》て来《きた》れる宝物《たからもの》、今但馬《たぢま》に有り。……則《すなは》ち神宝《かむだから》と為《な》れり。……天日槍の曾孫《ひひこ》清彦《きよひこ》に詔して献《たてまつ》らしめたまふ。是に、清彦、勅《みことのり》を被《うけたまは》りて、乃ち自ら神宝を捧《ささ》げて献る。羽太の玉一箇、足高の玉一箇、鵜鹿鹿の赤石の玉一箇、日鏡一面、熊の神籬一具なり。唯《ただ》し小刀一のみ有り。名を出石《いづし》と曰《い》ふ。則ち清彦忽《たちまち》に刀子は献らじと以為《おも》ひて、仍《よ》りて袍《ころも》の中に匿《かく》して、自ら佩《は》けり。……時に刀子、袍の中より出でて顕《あらは》る。天皇見して、親《みづか》ら清彦に問ひて曰《のたま》はく、「爾《いまし》が袍《ころも》の中の刀子は、何する刀子ぞ」とのたまふ。爰《ここ》に清彦、刀子を得匿《えかく》すまじきことを知りて、呈《あらは》し言《まう》さく、「献《たてまつ》る所の神宝の類《たぐひ》なり」……「昨夕《きのふのゆふべ》、刀子、自然《おのづから》に臣《やつこ》が家に至る。乃ち明旦《けさ》失せぬ」……是の後に、出石の刀子、自然に淡路嶋に至れり。其の嶋人《しまひと》、神なりと謂《おも》ひて、刀子の為に祠《ほくら》を立つ。是今に祠《まつ》らる。(51)

これらはいずれも祭儀に関する聖器類で、とりわけ刀剣が霊験あるものと考えられていたことは、次の伝説によってわかる。

すなわち、垂仁天皇が神宝をアメノヒボコの曾孫清彦に献上させたが、清彦が小刀一個のみ惜しんで出さなかった。これが後に暴露されたので献じたが、小刀はいつの間にか庫から紛失しており、みずから淡路島に至って、島人に祀られたという話である。これは朝廷が彼らの神器を取り上げることにより、彼らを支配しようとした史実を物語るものであろう。しかし出石の神宝が天皇に献上され、それが神庫に納められたということは、アメノヒボコの神宝を媒介する出石族と天皇との服属的結びつきと解するよりも、宗教的な結びつきと考えられる。

(2) タジマモリと「時じくの香の木の実」、『竹取物語』の「かぐや姫」伝説

天日矛の子孫タジマモリの感動的な伝説が記紀にある。タジマモリは垂仁天皇に命じられて、常世国に「時《とき》じくの香《かく》の木の実」(52)を求めに行った。十年もかけて常世国から時じくの香の木の実

を持って帰ったが、天皇はすでに亡くなっていたので、タジマモリは天皇の墓の前で泣き叫んで自死したという。『紀』からタジマモリの話を引用する。

　天皇、田道間守《たぢまもり》に命せて、常世国《とこよのくに》に遣して、非時《ときじく》の香菓《かくのみ》を求めしむ。香菓、此をば箇倶能《かくの》未《み》と云ふ　今橘《たちばな》と謂ふは是なり。九十九年の秋七月……天皇……崩《かむあが》りましぬ……明年《くるつとし》の春三月……田道間守、常世国より至《かへりいた》れり。則ち齎《もてまうでいた》る物は、非時の香菓、八竿八縵《やほこやかげ》なり。田道間守、是に、泣き悲歎《いさなげ》きて曰《まう》さく、「命を天朝《みかど》に受りて、遠くより絶域《はるかなるくに》に往《まか》る。万里浪《とほくなみ》を蹈《ほ》みて、遥に弱水《よわのみづ》を度る。是の常世国は、神仙《ひじり》の秘区《かくれたるくに》、俗《ただひと》の臻《いた》らむ所に非《あら》ず。是を以て、往来ふ間に、自づからに十年に経《な》りぬ。豈期《あにおも》ひきや、独峻《ひとりたか》き瀾《なみ》を凌《しの》ぎて、更本土《またもとのくに》に向むといふことを。然るに聖帝《ひじりのみかど》の神霊《みたまのふゆ》に頼りて、僅《わづか》に還り来ること得たり。今天皇既《すで》に崩りましぬ。復命《かへりことまう》すこと得ず。臣生《やつかれい》けりと雖《いふと》も、亦何《またなに》の益《しるし》かあらむ」とまうす。乃ち天皇の陵《みささぎ》に向《まゐ》りて、叫《おら》び哭《な》きて自ら死《まか》れり。(53)

この話の原型は、風土記にも見える浦島太郎の話のような「時の異常経過」のモチーフを持つ、不老長寿的な、生命力の根源世界を描出したのではないかと思われる。

　周知のように折口信夫は、常世からの来訪神をマレビトと呼んでいる。沖縄（琉球国）では、海の彼方には神や使者が住んでいる常世があると考えられていた。この常世はニライカナイとも呼ばれ、その方向は東方海上の日の昇る地点にあるとされた。またニライカナイは、根の国すなわち死者の国もしくは死霊の往生する国とする。例えば、アマテラスの弟とされるスサノオは「妣《はは》の国」と呼んでいる。

前述したように『播磨国風土記』「揖保の里」条には、アメノヒボコは「客神《まれびとかみ》」とされている。また『古語拾遺』で、アメノヒボコに、「海檜槍《あまのひぼこ》」という字を当てているのは、海人族との関係を示しており、アシハラノシコヲ（オオナムチ＝オオクニヌシ）と国を争って、海水を剣でかきまわして、海中に宿っている。

『記』では、アメノヒボコが持参した神宝について「天之日矛の持ち渡り來し物は、玉津寶《たまつたから》と云ひて、珠二貫《たまふたつら》。また浪振る領巾《ひれ》、浪切る領巾、風振る領巾、風切る領巾。また奥津鏡《おきつ》、邊津鏡《へつ》、并せて八種《やくさ》なり」(54)とあり、このオキツ鏡の「オキ」、ヘツ鏡の「へ」は、それぞれ「沖」と「海辺」を表わす語であろう。アメノヒボコもアカルヒメも、船に乗って、海を越えて日本に渡来したという物語は、タジマモリが、トキジクノカグノコノミを持って帰ったという話とともに、この一族の海や船との結びつきを表わしている。(55)

また時じくの香の木の実であるが、「時じく（非時）」とは季節に関係しない永遠の、という意味である。「香」はふつう「香わしい」と解されるが、カグヤヒメ（迦具夜比売、『記』「垂仁天皇」条に垂仁の妃の一人とある）やカグツチ（迦具土）などのカグで「輝く」の意味を持つとする解釈も多い。実際、『紀』「垂仁天皇」九〇年条では「香菓、此をば箇倶能未と云ふ」とある。松前健は、この果実はもともと「常恒に光り輝く霊果」を意味すると考え、この果実を太陽の象徴と見なしている。[56]トキジクノカグノコノミが、『記』に、「これ今の橘なり」と記されているのは、後世の解釈であって、もともと「常恒に光り輝く霊果」を意味したという。古代ギリシアの英雄ヘラクレスが、西海の果ての常福の楽園へスペリデスに、黄金のリンゴを取りに行く物語や、古アイルランドの戦士で、太陽神ルーグの子である英雄児クーフーリンが、光り輝く球、車輪、リンゴなどに導かれて「影の国」の島に渡るという物語などの、リンゴや球と同じく、「太陽象徴」であろうと、松前健は述べている。[57]

このように見てくると、天日矛伝説は、山に天降る垂直型神話（北方型）と、マレビトや時じくの香の木の実（南方型・水平型）が重なる、混合型の「準建国・王権神話」という位置づけが可能であろう。

『記』ではアメノヒボコは垂仁天皇の時に渡来したと伝えるが、その子孫であるタジマモリがもたらした橘を、「矛八矛《ほこやほこ》」（『紀』では「八竿八縵《やほこやかげ》」）と述べて矛に関連づけているのは興味ぶかい。山上伊豆母は、『紀』「神功皇后」二五年条にみえる七枝刀（ナナツサヤノタチ）を想い起こすという。その理由の第一は、石上神宮の宝庫に納められている七支刀が樹枝を形どった剣鉾で、耳の左右から三つずつ両刃の枝刀が交互に出ているが、それは矛の形に似た橘の枝であること。第二の理由は、タジマモリは天日矛を祖とするが、そのアメノヒボコの系譜に神功皇后もまた存在すること。第三の理由は、現在も神功皇后を祭祀する京都伏見の御香宮の神紋には「橘」が用いられ、その御子神を祭祀する石清水八幡宮では、表紋の「巴」に対して裏紋として「橘」が使用されていること、を挙げている。[58] 橘は常世の国から渡ってきたと伝えられるが、『紀』「神功皇后」条に見える七枝刀は百済から将来したものである。

また山上伊豆母によれば、収穫祭である新嘗祭に、橘が用いられることがあるという。その祭儀に、さまざまな形にととのえられた橘が新嘗祭供御料として供えられることが、『延喜式』の「内膳司式」に、「橘子廿四蔭、桙《ほこ》橘子十枝」とか「橘子四蔭、桙橘子十枝」（蔭《かけ》は縵《かずら》のこととされる）などと見えるという。[59] 私見だが、橘という漢字そのものに「矛」が入っているのは、橘の木と矛との関連を端的に示していないだろうか。「矛」は象形文字で、両刃《もろは》の剣《つるぎ》に長い柄の付いたほこを示している。以上からも、天皇家とアメノヒボコ族が非常に密接であったことをうかがうことができるであろう。

本節で「非時の香菓」に関してカグヤヒメ（迦具夜比売）を取り上げたが、昔話の『竹取物語』の「かぐや姫」は竹の中から出て来た姫として有名である。しかもカグヤヒメ（かぐや姫）はタジマモリと同じ垂仁天皇の時代の人物とされている。「かぐや姫」の名から日神的要素を取り出すのは可能であろうか。前述のように「かぐ」は、「かがやく」と同語源で、光り輝く美しさを形容した語である。記紀に見える火の神の名も「迦具土《かぐつち》」または「軻遇突智《かぐつち》」である。

『竹取物語』の初めの部分は次のようになっている。

竹の中に、もと光る竹なむ一筋ありける。あやしがりて寄りて見るに、筒の中光りたり。籠《こ》に入れて養ふ。よごとに金《こがね》ある竹を見つくる事かさなりぬ。屋《や》のうちは暗《くら》き所なく光り満《み》ちたり。(60)

古代では、竹の強い生命力は神秘を感じさせ、竹製の祭具は神霊を招き寄せる力があると信じられていた。韓国では、将来シャーマンになる人のいろいろな種類の儀式の最終段階である天神《チョンシン》祭に、神棚のところに一本の長い竹竿を設ける。そこには五色（赤、緑、黄、青、白）の長い布を垂らしておくが、これを「ソギジュル」という。「ソギ」は瑞気、「ジュル」は縄を意味する。神霊が竹竿にのりうつって、布が揺れる波《リズム》にのって降臨するという考えである。(61)

貴公子たちとの求婚話の段で、かぐや姫は、「庫持《くらもち》の皇子には、東の海に蓬萊《ほうらい》という山あるなり。それに銀《しろかね》を根《ね》とし、金《こがね》を茎《くき》とし、白《しろ》き玉を實《み》として立てる木あり。それ一枝おりて給はらん」(62)と言う場面がある。蓬萊山は、古代中国の神仙思想が生み出した、不老不死の世界と言われているが、『丹後国風土記』に見える、浦島太郎の説話中の蓬萊山は「トコヨノクニ」とされている。

物語中の庫持の皇子は、難波より船に乗って海へ出て蓬萊山へ出発している。そして島々に着くと、「その山のそばひら（かたわら）を巡れば、世中になき花の木どもたてり。黄金・銀・瑠璃色の水、山より流れ出《い》でたり。それには色々の橋渡せり。そのあたりに、照りかゝやく木どもたてり」(63)と語る。しかし結局、これは庫持の皇子の作り話であったことが、匠によってばれてしまった。たわいのない話のようであるが、水や木が輝くという内容は、タジマモリの常世から持ち帰った光り輝く果実の話とモチーフが類似している。これはたんなる偶然であろうか。

竹取物語と似たような物語を『万葉集』『今昔物語』『海道記』など、他にもいくつか見ることができる。その中で、『海道記』の竹取説話には、「昔採竹翁ト云者アリケリ。女ヲ赫奕姫（かぐやひめ）ト云。翁ガ宅ノ竹林ニ、鶯ノ卵、女形ニカヘリテ巣ノ中ニアリ……光アリテ傍ヲ照ス」[64]とあって、日光感精的な卵生説話も見えるのは、じつに興味深い（傍線は筆者）。

また、江戸時代の研究書『竹取物語考』（加納諸平《かのうもろひら》著）には、五人の貴公子のモデルとして実在する人物が紹介されている。庫持の皇子のモデルは、藤原不比等とされ、天智天皇の子と説いているが、いまひとつ説得力が弱い。ただ、先に言及した『記』の迦具夜比売については、開化天皇の息子に讃岐垂根《さぬきたりね》王がおり、その兄大筒木垂根《おほつきたりね》王の娘に迦具夜比売命がいて、彼女が垂仁天皇の妃の一人となっている。しかし、この物語が、フィクションであろうがノンフィクションであろうが、全体としてタジマモリの話と類似することは充分に考えられる。

かぐや姫が天に昇天するさいに、飛車《とぶくるま》と天《あま》の羽《は》衣が見えるが、『三国遺事』「紀異篇」北扶餘条に見える解慕漱は五龍車に乗って降臨している。また高句麗時代の古墳壁画には数多くの車が描かれていて、飛車を想起させる。竹取物語の素材とされる幾つかの物語の中に、『丹後風土《たにはのみちのしり》記』逸文「奈具《なぐ》の社」の条に見える竹野の郡の奈具の社の祭神、豊宇賀能売《とようかのめ》命の物語がある。豊宇賀能売命は元天女であるが、韓国の民話・口伝神話「天女と樵夫」の中の、水浴していた天女の羽衣を隠した話と筋が似ている。

（3） 出石乙女伝説と丹塗矢伝説

アメノヒボコは、韓半島からの渡来人ないし渡来集団であったために、韓国の高句麗・百済の建国神話に見られ、日本の王権神話にはほとんど見られない、日光感精神話を有している。

それでは日本にはまったくこうした日光感精説話がないのであろうか。日本にはこの説話の変容であると考えられる、丹塗矢《にぬりや》伝説と呼ばれるものが存在する。いわゆる川から流れる丹塗失を乙女が持って帰ると矢が麗しい男に化けて乙女は懐妊し、神の子を産むという筋書きである。ここでは丹塗矢伝説と呼ばれるこうした日光感精説話を考察したい。

『出雲国風土記』「島根の郡の加賀の郷」の条に、佐太大神《さだのおおかみ》の生誕神話が出てくる。その母が佐太神を産むとき、洞穴に金の弓で矢を射たら洞穴は「加加《かか》」と光り輝いたという話である。

御祖《みおや》の神魂命《かむむすびのみこと》の御子支佐加比比売命《きさかひひめのみこと》が「なんと闇《くらい》い岩屋であることよ」と仰せられて、金の弓をもって射給うた。その時光が加加《かか》とあかるくなった。(65)

『記』「神武天皇」条には、三島溝咋《みしまのみぞくひ》の女《むすめ》、勢夜陀多良比賣《せやだたらひめ》のもとに美和《みわ》の大物主神《おほものぬしのかみ》が丹塗矢に化して婚し、子を産む話がある。

三島湟咋《みしまのみぞくひ》の女《むすめ》、名は勢夜陀多良比賣、その容姿麗美しくありき。故、美和の大物主神、見感《みめ》でて、その美人の大便《くそ》まれる時、丹塗矢に化《な》りて、その大便まれる溝《みぞ》より流れ下りて、その美人の陰《ほと》を突《つ》きき。ここにその美人驚きて、立ち走りいすすきき。すなはちその矢を将《も》ち来て、床の邊《べ》に置けば、忽ちに麗《うるわ》しき壮夫《をとこ》に成りて、すなはちその美人を娶《めと》して生める子、……名は比賣多多良伊須氣余理比賣《ひめたたらいすけよりひめ》(66)

『記』「応神天皇」の条にある春山之霞壮夫《はるやまのかすみおとこ》の物語も丹塗矢伝説の一例である。天日矛の子孫の伝説と思われるこの話では、春山が兄の秋山之下氷壮夫《あきやまのしたびおとこ》と但馬国の伊豆志《いずし》の大神の娘である伊豆志袁登売《いずしおとめ》（出石乙女）を得るために賭けをする。弟の春山は母が藤葛《ふじかずら》で作ってくれた弓矢と衣服を身につけて藤の花に化して、弓矢を彼女の厠《かわや》に掛けておいた。すると伊豆志袁登売はその花を見て不思議に思い、花と化した弓矢を持ち帰り、春山と結婚して子を産んだ。かくして弟が兄に勝ったという。

非常に分かりにくい話であるが、大和岩雄は、「春は東と同意義で使われている。春の神は太陽神である。出石乙女はヒルメであり……厠（便所）は洞窟である」(67)と解釈している。要するに弓矢は太陽の光線や男の精の象徴なのである。これは佐太大神生誕神話も同じである。

以上から、日本の丹塗矢説話は古代韓国に特有の日光感精型説話が変容したものと考えられる。

第六章　日神的天神の源流

――モンゴル系、ツングース系、トルコ系民族におけるテングリ（天神）信仰

本書では、古代韓国や日本の、建国の始祖たちの山上降臨や日光感精に代表される天神を「日神的天神」と性格づけたが、本章では、その源流を探ってみたい。

1 日神的天神

護雅夫はアジアを南北に分け、南を湿潤沃土地帯（「農耕アジア」）、北を乾燥草原地帯（「遊牧アジア」）とする。北アジアの宗教はシャーマニズムであり、そこには明確な最高神の観念であるテングリの信仰が見られる。南アジアの農耕的・母権的・大地的な文化圏に対して、北アジアの文化圏は上天的・父権的と言われている。(1)

シャーマニズムは韓国では現在でも盛んであり、シャーマンたちは雑多な神や仏を祀る。しかしその中でも最高神はいつも「天神《チョンシン》」である。これは日本の場合とはちがう特徴だと思われる。

任東権による次のような一文は、この関連において注目に値する。彼は述べている、「壇君の語義は、馬韓では司祭者を天君と呼び、ムーダンをタンゴルと呼ぶのとともに、蒙古語で天及び拝天者を（Tengri）と呼ぶこととつながりをつけて考えることができる」(2)と。ここでは「タングン（壇君）」「チョングン（天君）」「タンゴル（단골）」「テングリ（Tengri）」の同音性・同一性が指摘されている。

前述したように、古代韓国の多くの建国神話や、日本の天孫ホノニニギの降臨神話には、聖なる山や峰、聖なる樹や樹林への降臨が見られ、北方的要素が非常に鮮明である。

しかし日本の天孫降臨神話について、歴史学者の井上光貞は、岡正雄や江上波夫らの、降臨神話が北方的・遊牧民的とする考え方に疑義を呈している。すなわち井上は、日本の降臨神話には①「高い峰に降る」②「日の御子の降下」③「稲」という三要素が見られるが、井上は①だけが北方的要素で、②③は南方的要素だとしている。(3)

井上は三品彰英の『神話と文化領域』で論じられている説によって自説を補強し、新羅の金氏始祖の金閼智《アルヂ》の伝説を取り上げて、これに卵生神話や穀霊神話が見られると述べ、②③の南方的要素は南朝鮮と強い親近性をもつという。(4)

しかしここには「金色の小箱」(第二章「金氏の始祖神話」参照)を卵と短絡させたり、また金閼智と(朴)赫居世《ヒョッコセ》を混同する三品説の誤りに気づいていない欠陥が明らかである。それだけでなく、井上は②の「日の御子の降下」を南方的とし、「日の崇拝的要素が朝鮮や蒙古の物語にもみられるであろうか」(5)と疑問を投げかけている。けれども、こうした太陽崇拝や日神信仰の要素が存在したことは、高句麗の朱蒙や新羅の王子、天日矛伝説の日光感精説話があることから明らかであろう。

本章では護雅夫の『古代遊牧帝国』(中央公論社、一九七六年)、『遊牧騎馬民族国家』(講談社、一九六七年)、山田信夫の『北アジア遊牧民族史研究』(東京大学出版会、一九八九年)等を手引きとして、モンゴル・ツングース・トルコ系民族の建国・王権神話、また始祖神話を取り上げ、日光感精という日神的要素のほかにも、多くの日神的要素を指摘して、井上説とは異なる北方アジア・遊牧アジアのシャーマニズムの世界観とテングリ信仰の中に存在する日神的特性を明らかにしてゆきたい。これによって本書が「日神的天神」と呼ぶ、日神と天神を調停する独自の概念を見出せると思う。

いくつかの考察のテーマを挙げてみると、北方の遊牧民、匈奴《きょうど》の君主である単于《ぜんう》の太陽崇拝（「朝には幕営を出て日の出を拝し……」）、突厥《とっけつ》の君主であるカガンの営舎がつねに東に向かって開かれていたこと、契丹《きったん》君主の太陽を拝む即位儀礼などである。

またモンゴルの建国・始祖神話は、『元朝秘史』やドーソンの『モンゴル帝国史』に基づいて、やや詳細に述べてみたい。というのは、そこにはチンギス＝カハン（ジンギス＝カン）の祖先であるアラン＝ゴアの、夜ごとに通って来た「光る黄色い人」が彼女の腹をさすり、その光を腹の中へ入れたことによる懐妊という、典型的な感精神話が見られるからである。また〔古〕朝鮮の建国・王権神話では、壇君神話にのみ出て来る獣祖神話や、新羅の脱解王（昔氏）に見られる鍛冶王伝説などの源流が、トルコ系民族の突厥の阿史那《あしな》氏族の始祖伝説に求められると思うからである。

なお、本章を一貫する考え方は筆者独自のものではない。前述の護雅夫や、もっと以前の岡正雄、江上波夫を初め、多くの先行研究者の見解や、また最近の溝口睦子の『王権の二重構造』における考察と大筋で一致するものである。しかし筆者は、筆者なりの視点、つまり日神と天神という基礎概念を踏まえた視点から考察してゆく。

2　獣〔狼〕祖神話と壇君神話

モンゴル・ツングース・トルコ系の部族ないし民族に共通する神話の一つに狼が始祖だというものがある。チンギス＝カハンの始祖伝承は、『元朝秘史』の冒頭によれば、

チンギス合罕《カハン》の根源《おおもと》は、上《かみ》なる天神よりの命運《さだめ》を以って生まれた蒼い狼《ボルテ・チノ》であった。その妻は淡紅色《うすべにいろ》の牝鹿であった。(6)

同様に突厥・烏孫・高車の始祖も天神の化身である狼である。

トルコ民族が世界で最初に建てた国、突厥は、五世紀初めからモンゴル高原を支配していたモンゴル系遊牧民の柔然を滅ぼして五五二年に建国された。そして六世紀末には東西に分裂し、七四四年には新興のウイグル＝トルコ族に滅ぼされた。

この遊牧騎馬民族国家である突厥帝国を支配した氏族は阿史那《アシナ》氏とよばれ、その始祖説話は『北周書』『隋書』に各二つずつ伝えられているという。(7)『隋書』に見えるものの一つは『北周書』

の説話の一つとほぼ同内容なので、阿史那氏説話は合計三つということになる。

この三つの説話のうち代表的な一つだけを選んで、護氏のまとめた大意をさらに要約して以下に述べてみたい。

匈奴の別種である突厥の姓は阿史那氏といった。その先祖は西海のほとりに建国したが、隣国の攻撃をうけて皆殺しにされた。しかし十歳位の男児だけが残された。隣国の兵士たちは殺すに忍びず、広い野原へその児を棄てておいた。ところが一頭の牝狼《めすおおかみ》が肉をくわえていつもそこへやって来て男児に与えたので、彼は死をまぬがれることができた。男児は成長して、その牝狼と交わると、狼は身ごもった。隣国の王は人を派遣して彼と狼を殺させようとした。すると狼は、神がのりうつったかのようになって、たちまち西海の東に移り、一つの山上にとどまった。その山は高昌国（東部天山山脈南麓、トゥルファン盆地内）の北ないし西北にそびえており、下には洞窟があった。洞窟内は周囲数百里の平野で、四方は山に囲まれていた。狼はその内に隠れて一〇人の男児を生んだ。この男児たちが成長すると、各自は外部から妻をめとって子供をもうけた。彼らの子孫が一つの姓を形成し、阿史那氏はその一つである。その子孫はやがて数百家に増えた。数代を経て、皆が洞窟から出て茹茹《じょじょ》（柔然《じゅうぜん》、蠕蠕《ぜんぜん》）に服属し、金山（アルタイ山脈）の南麓にいて、茹茹のために鍛鉄の仕事に従事した。金山の形は兜鍪《かぶと》に似ていた。彼らのあいだでは兜鍪は突厥と呼ばれたので、これにちなんで、

突厥と称するようになった。(8)

『北周書』のもう一つの説話は内容がやや異なるが、阿史那氏の始祖はさかのぼれば狼であるという点では一致している。また『隋書』のもう一つの説話は、阿史那氏が五百家とともに茹茹のもとへ逃げてから、代々、金山に住んで、製鉄・鍛冶を特技としたというもので、上述の引用と大同小異である。

突厥の始祖伝説には明らかに、モンゴル族と同じように狼祖神話が見られる。狼が建国の祖の始祖であるという神話は、中央アジアの遊牧民に固有なものではない。ヨーロッパには、ローマの建国者、ロムルス（Romulus）伝説がある。彼は双生児の弟レムス（Remus）とともに棄てられたが、狼の乳で育ち、協力してローマを建設した。神聖な城壁を越えたレムスを殺し、三〇余年にわたり統治したという。

古代ギリシアの主神ゼウスは、アルカディア地方では「ゼウス＝リュカイオス」（狼のゼウス）と呼ばれたことがある。またゼウスの子、アポロンも「アポロン・リュカイオス」（狼のアポロン）であり、狼と結びついた側面を有していた。

さて、ここでは壇君神話を獣祖神話というカテゴリーの中で考察するのが目的である。これまで見て来たように、モンゴル・ツングース・トルコ系民族に共通するものの一つに狼祖神話があり、それは中央アジアのみならず広く世界に分布している。しかし壇君神話に登場するのは狼ではなく熊や虎である。古朝鮮の建国神話も一連の狼祖神話につながると主張するなら、ここで熊や虎が狼とどう関連するのかが解かれねばならないだろう。

そもそも狼も熊も、家畜化されることはなかったものの、人類と共生した時代があった。特に農業の営みにとって、狼も熊も農作物をおそう他の野生動物を捕えてくれる保護神的存在であっただろう。

北米先住民、日本のアイヌ、中国の辺境などの民族は、熊を神聖な動物とし、神々と直接交流していると考えた。北欧のスウェーデンの北部に住むラップ人にとっても、熊は「百獣の王」である。熊は狼とともに、恐怖、畏怖の対象であり、民間伝説に多くの素材を提供してきた。

なお『記』「神武天皇」条に出てくる、熊野の村の大熊は荒ぶる神の化身として描かれ、その獰猛な側面が強調されているが、恐怖の対象ではあっても神的な存在であった。

熊は北アジアや北米大陸北部の諸民族の伝説では、人間に似た姿で現れ、人間の女性と交わって人間の子どもをつくるという役割を担っていた。しかし西欧のように文明が発達した地域では、かつては都市の守護者であった熊も、やがては打ち倒すべき怪獣となり、狼と同じ運命をたどるようになっていく。

以上から、洋の東西を問わず、人間の、狼と熊との関係はきわめて似かよった性質を有すると結論づけることができると思う。

壇君神話に出て来る熊女（雌熊）も虎（熊と似た聖獣）も、モンゴル・ツングース・トルコ系民族を中心に世界中にも見られる狼祖伝説の系統からはやや逸脱しているとはいえ、シベリアや北アジアの「熊祖神話」と言える、シャーマニズムに結びついた広い意味の獣祖神話の系統に属すると考えられる。

なお壇君神話に、熊が女に成ることができた条件の一つにニンニクとヨモギを食べることがある。出石誠彦は、これを広く、懐妊をうながす特別の植物を食べる原始的信仰に由来すると考える。例えば、出石の指摘では、古代インドで尊重された、多産の象徴としてのココナツがある。また『史記』の夏本紀、禹の条や『論衡』奇怪編に、禹王の母は薏苡《よくい》（はとむぎ）を呑んで禹を産んだとある。壇君神話の植物もこうした系列に属するものと思われる。さらに、日光を見ないことについても世界各地に年頃の女性にその風習があるという。(9) 詳細は省くが、出石によれば結局はこれは太陽の光に生産力を認めることなのだという。

3　モンゴル神話の日神、アラン＝ゴア

ここではまずモンゴル・ツングース・トルコ系民族の日光感精説話について見て、それからこれらの民族に特徴的な日神崇拝について考察したい。

モンゴルの古伝説のうち、チンギス＝カハン(10)の先祖が狼と牡鹿だったということはすでに述べた。『元朝秘史』に書かれた伝説から、チンギス＝カハン、つまりテムジンに至るまでの重要

と思われる部分を記してみる。

巻一の二一には、テムジンの遠い先祖、ドブン＝メルゲンの妻、アラン＝ゴアの超自然的な受胎が描かれている。

夜ごとに、白黄色の人《ツエゲン・シラ》、家《ゲル》の天窓、戸口の上窓の明るみの光にのりて入り来たりわが腹を撫ぜ、その光、わが腹にしみ入るなり。出《い》でいく時は、日・月の出入のはざまに、黄色の犬の如く這《は》い出ずるなり。ざれ言をいかで口にするな 汝等は。それをもって省察《さつ》すれば、その示すところは、天つ子なるぞ……(11)

これは明らかに光による感精説話である。ただ家《ゲル》、すなわち天幕から差し込んだ光が太陽光線なのか月光なのかはっきりしない。これは夜の出来事であるからという理由で、月の光だとも断定できない。なぜならアラン＝ゴアはこの時、夢か幻を見ている状態にあったとも考えられるからである。いずれにせよ、こうして彼女は、夫なしで三人の子を生んだのである。

時が流れてテムジンの父、イェスゲイ＝バアトゥルの代になった。イェスゲイはある日、テムジンを連れて母方の親族のもとへ嫁探しに行った。するとその親族の者がテムジンについて「汝の、これなる子は、己が目に火あり、己が顔面《かんばせ》に光ある子なり」(六二)「イェスゲイ縁者《クダ》よ我、この夜、夢見たり。白き海青《シンコル(おおたか)》、日月二つを摑み飛び来たりて、わが上《え》にとまれり。」(六三)

と語っている。(12)

ここにもテムジンと日月との関わりが暗示されている（左図参照）。チンギスは非凡な王であったが、戦いに明け暮れた様子が『元朝秘史』の全篇に描かれている。その多くの困難な戦いの中で、彼はテングリ（天神）への信仰を堅持した。例えば彼は、夜明けの戦場で、「泳《モンケ（とこ）》しえの天神《テングリ（あまつかみ）》よ知ろしめせと云って己が胸をおさえて祈った」（一七二）(13)という。このテングリを太陽と考えたことがあったような記述も見られる。彼がある時、ブルカン山に登って、祈ったあと、「日輪に向かって己が帯を己が頸《くび》にかけ、己が帽子を己が手に掛け、己が手を己が胸におさえおき、

【テムジン・チンギスカハンの家系図】

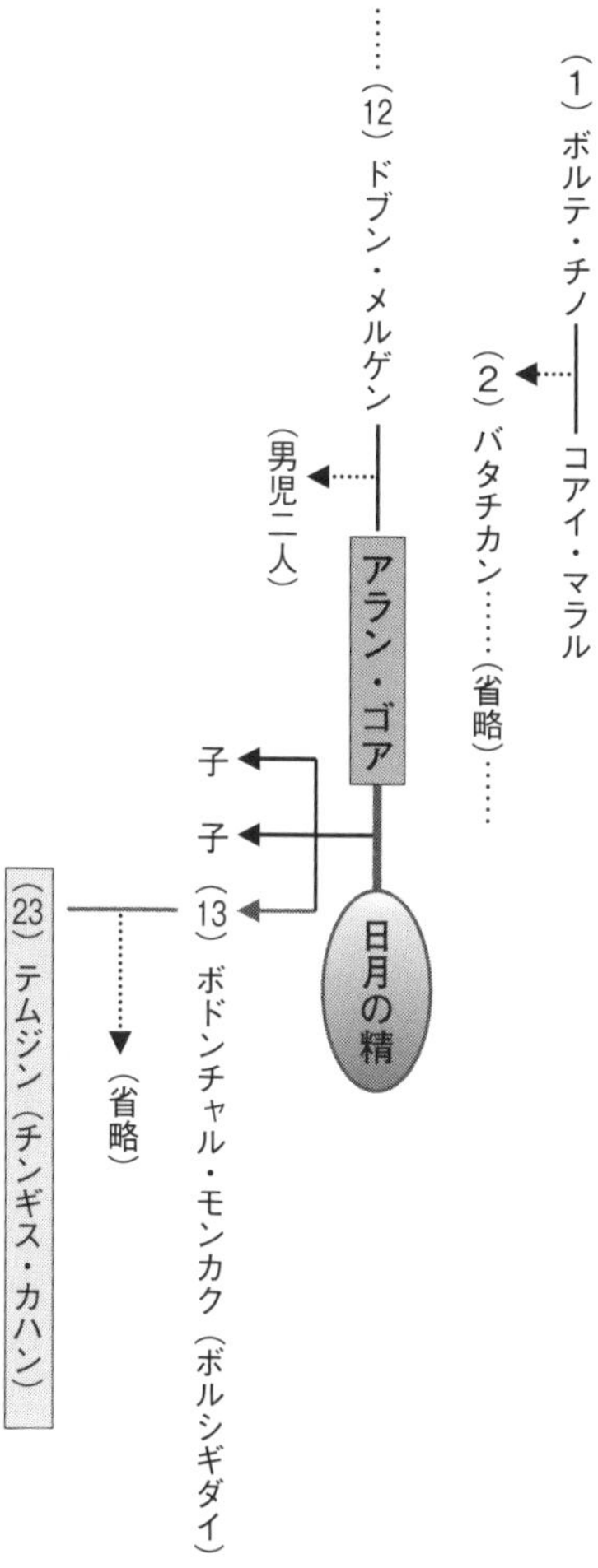

〈『元朝秘史』小澤重男訳（岩波書店、1997年、p.305）より転載〉

日輪に九度《くたび》跪き、灑酒《サチユリ》・奏祝《ウチウリ》を捧げた」（一〇三）[14]と述べられている。

以上のように見てくると、こうしたわずかな事例からだけでも、モンゴルのテングリ（天神）信仰は、①日光感精②日と月がセットになっている信仰③太陽崇拝といった特徴を有することがわかる。

さて、本書二九頁に三品彰英による感精出生の表を揚げたが、アラン＝ゴアのような日光感精型の出生説話をモンゴル・ツングース・トルコ系の他の部族の例によって、もう少し詳細に見てみよう。

モンゴル系の契丹が建てた国、遼（九一六～一一二五）の太祖、耶律阿保機の生誕伝説が『遼史』に載っている。

太祖大聖大明神烈天皇帝、姓耶律氏、諱億、字阿保機、（中略）初母夢日墜懐中、有娠、及生、室有神光異香、體如三歳兒[15]（『遼史』巻一「太祖本紀」）

これによると、太祖の耶律阿保機の母は、太陽が懐中に入るのを夢に見て懐妊したが、子が生まれたとき、神々しい光と不思議な香が部屋にあって、その子の体は三歳の子のようであった、という。

またモンゴルないしトルコ系の鮮卑が華北に建国した北魏の太祖、道武帝（三七一～四〇九）については、『魏書』に、その母親が「夢日出室内、寤而見光自牖屬天、欻然有感」[16]、つまり寝ている時に夢に太陽が室内に出て来るの見て、それに感じて懐妊した、とある。さらに『北斉書』には、顕祖文宣帝（五二九～五五九）の母が彼を胎に宿した時「后初孕、毎夜有赤光照室」[17]とある。

この種の日光感精説話は挙げてゆけば切りがなく、また日光にしても、それに直接感精したとか、夢に見て感精したとかのバリエーションもある。それのみか、月や星の光と区別がつかないものや、今挙げた例のように、たんに「赤光」とのみ記されているものもある。こうした、いわゆる「超自然的出生」（supernatural birth）説話の漢籍からの集成は、三品彰英のほかにも幾人かの研究者によってなされており、特に出石誠彦の「支那の帝王説話に対する一考察」や「上代支那の異常出生説話について」（いずれも『支那神話伝説の研究』所収）の二論文がすぐれている。

本書がここで強調したいことは、古代韓国の高句麗の始祖、朱蒙（東明）や、日本に来た新羅の王子、天日矛の出生が、こうした日光感精の系列に属するということである。護雅夫は明晰なことばで次のように述べているが、これこそ筆者の主張したい点にほかならない。

　このように、モンゴリアや朝鮮の諸族の始祖・祖先の誕生に関する伝説に、かれらがある女性が日光に感じて生まれたことを伝えるものが多いのですが、これは、それらの諸族のあいだに行なわれた、いわば太陽崇拝とむすびついています。[18]

それでは本節の初めで述べたチンギス＝カハンのような太陽（日神）礼拝を示す事例が、ほかにも見出されれるであろうか。

北アジアに最初の遊牧国家を前三世紀末に建設したのは、モンゴル高原で活躍した匈奴である。建国者は冒頓単于《ぼくとつぜんう》であり、漢の武帝の征討で衰え、紀元後一世紀には南北に分裂している。単于とは「撐犂孤塗《とおりこと》単于」の略称で、「撐犂」は「天」、「孤塗」は「子」、「単于」は「広大之貌」と『漢書』匈奴伝は述べている。(19)

司馬遷の『史記』匈奴列伝に「単于は朝には幕営を出て日の出を拝し、夕べには日を拝した」とある。(20)また単于が漢の皇帝に送った書には、「天地が生み、日月が置いた匈奴の大単于は、敬んで皇帝に問う。ご無事でおられようか。……」と書かれてあったという。(21)

また護雅夫によれば、突厥の王（カガン）の即位儀礼について中国の史書が「その王が即位するさい、その近侍・重臣どもが王を氈《フェルト》にのせて、太陽が運行する――とかれらが考えた順に――つまり、東から南へ、それから西、ついで北の順に――、九回まわり、一まわりするたびごとに、巨下はみな拝する。……」という、太陽呪術の要素を有する儀式を伝えているという。(22)

また『周書』突厥伝は、「可汗恆處於都斤山牙帳東開蓋敬日之所出也」(23)すなわち、突厥王はいつもウトュケン山にいるが、その営舎はいつも東に向って開いている、おそらく、太陽の出る方向をうやまうからであろう、(24)と伝えている。

こうした太陽を拝する儀礼は、契丹の王の即位儀礼にも見られると指摘されており、これらがシャーマニズムと結びついた共通のルーツを持つという点では、護雅夫だけでなく、三品彰英も溝口睦子も同意見である。(25)

以上のようにモンゴル・ツングース・トルコ系の民族に共通しているのは、始祖や皇帝はテングリ（天神）の子であるが、そのテングリは、日光感精と、太陽崇拝からわかるように、多分に日神的要素を取り込んでおり、しかもその日神は時折り「日・月」として、いわば月神とセットになっているという事実である。

古代韓国の国々や古代日本の建国神（皇祖神を含む）の特性を、中央ないし東北アジアの遊牧民のテングリ信仰に求める前に、突厥の阿史那氏の始祖神話のところで触れた鍛冶・製鉄伝説について、次に考察しなくてはならない。

モンゴルのチンギス＝カハンが生まれる二千年も前の古い伝説が、ドーソンの『モンゴル帝国史』に載っている。それを要約した形でまとめてみる。

チンギス・カハンの誕生（一一五五年）よりも二千年も前に、モンゴル族は他民族に征服され、皆殺しにされたことがあった。この時、殺戮《さつりく》を免れた二家族（二人の男と二人の女）だけが「エルゲネ・クン」と呼ばれる山脈にとり囲まれた地方に避難した。けわしい岩壁に囲まれた、この地味肥沃な地で、二家族の子孫は急速な勢いで増加し、諸部族に分かれていった。岩壁に囲まれて身動きのできない人びとは、この地からの脱出を試みた。かれらにはこの山脈の一つの山から鉄鉱を採掘する習慣があったが、そこにおびただしい木材を積んで、火をつけ、七〇個のふいごで火勢をあおり、鉱坑を溶解させ、この新しい民族のために通路を開いたのである。

チンギス・カハンの後裔である、歴代の王たちはこの事件を追憶して祭を催した。新年が来る前夜に、鍛冶師たちは皇帝の面前で灼熱した鉄を鍛え、上帝（＝天神）に感謝した。これが「モンゴル」民族の起源であり、「モンゴル」とは素朴で脆弱《ぜいじゃく》という意味である。[26]

さて、前に引用した、トルコ系の突厥の始祖、阿史那氏に関係する伝説を想起したい。これによると、阿史那氏の先祖はやはり隣国によって皆殺しにされた。しかし死を免れた男児が一頭の牡狼に助けられて、ある山にとどまった。その山の下には洞窟があり、そこで子孫が増えていった。やがて数百家に分かれた子孫たちは洞窟から出て、茹茹（柔然）に服属、鍛冶の仕事に従事したという粗筋であった。

このモンゴルとトルコの鍛冶伝説は、一見してきわめて似ている。実際に、モンゴル民族固有の始祖伝説はアラン＝ゴアが天より降った光に感精して天の子を生んだという話だけであって、蒼い狼や、今の鍛冶伝説は、トルコ民族との接触の結果、固有のものに付加されたのであろう、という内藤湖南の説に、護雅夫は賛成している。[27] しかし、モンゴル人が自分たちの祖先が鍛鉄の儀式を行い、自らを狼と天よりの光の御子の子孫と信じたことはありうる、と護雅夫は言っている。おそらくこの考え方も正しいであろう。

4　韓国・日本の神話との共通性——先行研究による補説

以上、前節では、アラン＝ゴアの感精神話を皮切りに、モンゴル・ツングース・トルコ系の北方アジアの草原地帯で活躍していた遊牧〔狩猟〕民の建国・始祖神話と関連のある、日神（太陽）崇拝や、さらには鍛冶伝説までをやや詳しく見て来た。

ここから判明することは、古代韓国や日本の建国・王権・始祖神話に見られる日神信仰的要素が、これらの遊牧〔狩猟〕民のものときわめて共通しているということである。以下、そのいくつかを述べてゆく。

まず、高句麗の朱蒙伝説には日光感精説話が見られる。これは漢族の感精神話とは異なる。なぜなら漢族のものは前に示した表（本書二九頁参照）にあるように、雷・虹・流星・巨人の足跡・玄鳥の卵などだからである。遊牧民族の感精の主体は、一部の例外はあっても「日光」であることが圧倒的に多い。

感精だけを取り上げて、日神的要素とするのは説得力がないと反論されるかもしれない。しかし私は、匈奴・モンゴル・突厥の王らの太陽礼拝の儀式や慣習が、日光感精という日神的要素を補強している、と考える。

これらの日光感精説話は、判然としているものだけを取り上げても、朱蒙のほかに「新羅王子」天日矛の説話がある。ただ判然としないとはいっても、本書では、例えば、赫居世が「輝く王」「日の王」を意味することや、金閼智が現れたさいの表現「見大光明於始林中」「光自櫃出」等からも、日神的要素はうかがい知りうると考えている。

次に指摘したいのは、アラン＝ゴアの腹の中に入った光が日光なのか月光なのかはっきりしていないことである。また、モンゴルの伝説中のチンギス＝カハン、つまりテムジンに関わる夢の中に、白い大鷹が「日月二つを摑み飛び来たりて、わが上《え》にとまれり」という文があることである。また、匈奴の王は「天地が生み、日月が置いた大単于……」と漢の王に手紙を書いている。

一連の日と月のセットは、新羅の延烏郎・細烏女伝説にも現れている。ここでは日神も月神も一組にして語られており、その祭祀遺跡も「日月池」と呼ばれている。

またタカミムスヒ（高日巣日神）は、前に詳述したようにまさしく日神と月神の祖であり、月については単独の神話の乏しい日本神話の中で、日とセットで扱われるという、きわめて異例な特徴を有している。

鍛冶伝説を本章で述べたのは、やはりそれが古代韓国や日本の王権神話と関連があるからである。天日矛を本書は韓半島の蔚山辺りから日本に渡来した製銅ないし製鉄集団（むろん、そうした技術的側面のみでなく、宗教的側面も有していた集団）であろうと指摘したが、これは日神信仰的要素が鍛冶と不可分に統合しており、こうしたことのルーツもまた中央アジアの高原地帯にあることを示唆するものと思われる。

私見だが、鍛冶の火はいわば地上の小さな日（太陽）であり、逆に日は天上の大きな火ゆえ、日と火は元来、人間の心の中では同じものと思われているのかもしれない。

タカミムスヒは日と月の「祖《おや》」であるばかりではない。じつにタカミムスヒは「天地溶造」の神なのである。元来「鍛冶屋」（smith 英／Schmidt 独）は世界の創造のシンボルである。良い意味にとればそうだが、両義性があり、暗い意味では魔術師的側面も有する。例えば『荘子』第六章には「天地を以て大鑪と為し、造化を以て大冶《や》と為す」（天地は大きな炉《ろ》であり、造化は偉大な鋳物師である）とある。(28) 中国の神話上の人物、黄帝は鍛冶師の守護者だったが、彼のライバルの蚩尤《しゆう》も鋳造師だった。しかし蚩尤は混乱を作り出す人物として描かれる。(29)

いずれにしても、本書が一貫して日本の本来の皇祖神であると主張したタカミムスヒの神の原郷も、モンゴルやトルコ系民族の生きた中央や北東アジアの草原であろう。

本章の主張を、いくつかの学説を引き合いに出してもう少し補強してみたい。

松村武雄は大著『日本神話の研究』で、いわゆる山上降下型神話の北方系民族起源について、次のように述べている。

> 自分の見るところに謬がないとしたなら、天孫降臨の神話は、少なくとも本然的には、亜細亜大陸に根ざしているとしなくてはならぬかずかずの事由・據所を持っている。亜細亜大陸の北方系民族（ツングース民族など）の文化圏の文化コンプレックスの成素の一つは、神若くは首祖の山上降臨の観念・信仰である。諸種族の分散地には、この観念・信仰に底礎された神話若くは伝説が必ず伝承されている。これを朝鮮について見れば、『三国遺事』に、辰韓六村の成立を説いて、閼川楊山村の長謁平が瓢嵓峰に、突山高墟村の長蘇伐都利が兄山に……（中略）……降ったとなしているし、更に天日桙も、高麗国意呂《おろ》山に天降《あも》りしたと伝承されている。[30]

三田村泰助は、高句麗の東明祭や隧神の祭りに関して、日神信仰的要素を次のように指摘している。

> 高句麗の始祖・朱蒙が、はっきりと日神の子であるとされるのは『魏書』に始まる。すなわち、同書に、河伯の女が日神に感じて朱蒙を生むとしるし、ついで、彼が扶余国をのがれ、南走の途中、一大河に会ったおり、河水にむかって呼びかけた言葉として、「われはこれ日の子、河伯の外孫」としるしている。この文から推せば、高句麗の祖神を祭る東盟祭に彼らのもつ太陽崇拝にもとづく意味が考えられる。東盟は東明であって、日神を象った意味の文

字といいうるであろう。同時に行なわれる隧神の祭りが国の東の河のほとりで行なわれることには、東方を尊重するの義があり、やはり東盟祭と関連して、太陽崇拝の意味が見られる。元来、「隧」は地下道あるいは墓に至る道の意であるから、隧穴を当時の人は地下の国に通ずる入口であると考えたに相違なく、隧穴に住む神は大地を主宰する神であり、それは地母神としての意味をもつ。また当時の人は日の出・日没を、おそらく大地が太陽を出し、あるいは呑むと考えたであろうから、太陽の運行に大なる影響を及ぼすものは地母神であると解したに違いない。そこに隧穴から隧神を迎えて、国の東方に祀る意味が考えられる。つまり、妻なる隧神の力を借りて、夫たる太陽を早く近づけようとするのである。高句麗人にはみずからを神の子孫であるとする観念が存し、さらにその祖神を日神となすに至っては、わが国の日神崇拝のそれと軌を一にするものといいうる。そこで臆測を逞しくすれば、隧神祭の行事はわが《天の岩戸隠れ》の神事に一味通ずるものがあるのではなかろうか。(31)

さらに溝口睦子は、タカミムスヒの原郷を「北方系の天の至高神」と考える根拠を、次のように総括している。

五・六世紀の頃、巨大な東北アジアの地域に興亡した多くのアルタイ・ツングース系遊牧民の帝国や、また同時期朝鮮半島に成立した古代王国の間では、以下にみるような天の至高神の観念が、共通の世界観・王権観として広く行われていた。
（1）匈奴以来北方の広野に興亡したアルタイ・ツングース系遊牧民族の国家は、いずれも天帝（＝太陽神）の子の天降りという思想を、王の権威の拠り所とし、帝国支配の基礎としていた。
（2）朝鮮半島に成立した古代王国、高句麗、百済、新羅、加羅等の諸国も、その思想を取り入れて、同じく天帝（＝太陽神）の子の天降りによる建国を、国の統一支配の思想的基盤としていた。
（3）日本の建国神話である天孫降臨神話が、朝鮮諸国のそれと著しく類似する骨格をもち、細部においても種々似通った点をもつことは、すでに繰り返し説かれてきたところである。したがって、日本の古代王権も、朝鮮の古代王権同様、北方系の建国神話を取り入れて王の超越的権威の拠り所とし、統一支配の思想的根拠とした可能性が高い。
（4）高句麗、百済、新羅、加羅等朝鮮半島の王権の建国神話における天帝、あるいは天降った天帝の子は、いずれもその名称に共通性がみられる。ところが日本の天孫降臨神話の主神タカミムスヒも、ムスヒの部分をみると、それときわめて類似している。
（5）タカミムスヒについて、『日本書紀』はこれを「日月の祖」とする伝承を載せているが、北方系民族の天の至高神も、時に「日月」と称されている。高句麗の建国神話においても、天帝は「皇天」「日神」などと称されるのと同時に、「日月」とも呼ばれている。その点で両者の至高神観は酷似しているといえる。

（6）タカミムスヒには「天地鎔造」という、日本の神話としては珍しい鍛冶師的創造神話が附着している。ところが上記北方系民族の建国伝説にも、鍛冶的色彩が色濃くある。

この点も注目すべき共通点である。(32)

ここで（2）に見られる溝口の「天帝（＝太陽神）」という言葉に注意したい。本書とは異なり、溝口は「天神」と「日神」の特性の詳細な分析は行なっていない。

韓国の学者金烈圭《キムヨルギュ》は、自国の建国・王権神話を誤って解釈し正当に評価していないとして、三品彰英を批判している。その批判の中に、いくつかの傾聴に値する論考が見られる。

彼によれば、三品は韓国神話を日本神話に比較して「他律的」で「貧弱」とし、韓国神話が「外来要素」で構成された側面が強いという（三品の論文「神話と文化境域」などで）。特に金烈圭の三品批判には、「卵生」や「箱舟漂流」の説話を南方系とすることに対する著しい不満があるように見える。

卵生説話について、金烈圭はこう述べている。

三品氏が南方系としているわが国の神話のモチーフの一つに、いわゆる〈卵生〉がある。人間卵生モチーフが、同氏が指摘した通り、太平洋沿岸地域に多いのは事実である。しかし、だからといってそこに局限されているのではない。中国、アフリカの一部、北方ペルー、そのほかにチバロやフアマチュコなど南米インディオ族のあいだにも分布しているのである。のみならず、卵は昔から大地として、また人間生命として、あるいは霊魂の住まいとして信じられ、それが広く分布している民俗資料の一つであることも指摘できる。超自然的な霊格がすなわち卵の力であるとする俗信は、イタリア、アイスランド、アイルランド、ボヘミア、英国およびラップランドなど、ヨーロッパの広い地域にわたって発見されうるのである。キリスト教における〈復活祭の卵〉は、誰もが知る有名な事例である。このように卵を生命の源泉、霊魂の住まいと信じることが世界的に広く分布しているのであれば、卵からの人間誕生もそうした普遍的な民間信仰に由来しうるのである。必ずしも伝播によって形成されるのではない。

現在に伝わる韓国シャーマニズムで卵を祈りの呪具としているが、フクベが使われることもある。これは、赫居世神話における卵瓢を回顧している事例となることができる。韓国神話を独自性のない抜け殻と化そうとした三品氏の努力がいかなるものであるかを、〈漂流箱〉と〈卵生伝承〉それ自体がみせてくれているのである。同氏の所論自体が抜け殻となるかもしれないという結論を導き出すのに助けとなっている資料である。シベリアの原住民のあいだで、シャーマンの霊魂が鳥の卵に入れられて地上に降りてきて、鷲によって孵化されるとする信仰があることが発見されるのは、同氏にとってきわめて不利であろう。[33]

確かに、世界は原初の卵（宇宙卵）から生まれ出たという神話的思考は古今東西、どこにも存在している。筆者も第二章で鳥越憲三郎の説（卵生が中心という考え）を批判して、朴・昔・金氏誕生の、むしろ北方的かつ日神的要素を強調した。

壇君神話については、三品が「神話と文化境域」で特に言及していないと前置きして、金烈圭は「壇君神話では、西部シベリアのフィー・ウグリアン族にみられるのと同じく、母系の祖先を雌熊とする現象をみることができる」(34)と指摘する。この点についても本書は比較的広い視野に立って壇君神話を考察したつもりである。

「箱舟漂流」型説話について金烈圭は、「三品氏自身が南方系であることの最適の資料として誇示している脱解神話でも、ブリヤート族（モンゴル族の一支族）の鍛冶巫やそうした性格をもつ王の痕跡を看取できる」(35)と述べて、本書が考察した鍛冶伝説の北方起源説を示唆している。

金烈圭はむろん、脱解伝承が「箱舟漂流」のモチーフを有することを認めている。しかしここでも、「その分布をみる三品氏の眼は近視眼的である」と手きびしい。金烈圭は、オットー・ランクの『英雄誕生神話』から、バビロニアのアッカド王朝の始祖サルゴン、「出エジプト記」のモーゼ、古代ヒンズー族の『マハーバーラタ』の主人公カルナ等々の「誕生直後に箱ないしそれに近似するものに入れられて、海または河に浮かべられる」伝承を集めて、「これらのなかのなんぴとも三品氏が指摘した東南太平洋沿岸とは関係をもっていないのである。……新生児の一時

天神・日神の分類（AとBのタイプ）

天神A	天空神	中国の天 古朝鮮の壇君 天之御中主神 イザナギ・イザナミ
天神B	日神的天神	扶余・高句麗・百済の朱蒙（東明） 新羅の赫居世 伽耶（駕洛）国の首露 モンゴル・ツングース・トルコ系のテングリ タカミムスヒ
日神A	日神	延烏郎・細烏女 沖縄の「テダ（ティダ）」 伊勢の原アマテラス
日神B	天神的日神	アメノヒボコ 三輪山の大物主神 皇祖神アマテラス

的遺棄のモチーフは汎世界的に分布しているだけでなく、現在の韓国の民間信仰にもそのまま残っているのである。……脱解伝承は金閼智伝承と同工異曲ということができよう。したがって、海からきたからといって、むりに南方海洋系と結びつけることはできないのである。天からきた子だからといって、上方天空系のようなものを仮定することができないのと同様である(36)」と結論づけている。

以上のように、やや詳細に、先行研究を取りあげて、自説を補強してみた。

なお本書で取り上げた天神・日神の総括的な分類を示せば上表のようになるであろう。

注（第一章〜第六章）

第一章

（1）ミルチア・エリアーデ（Mircea Eliade）著『太陽と天空神　宗教学概論1』エリアーデ著作集〈第一巻〉久米博訳（せりか書房、一九七四年）、八二頁。
（2）同書、八三頁。
（3）同書、一一四〜一一五頁。
（4）同書、一一二頁。
（5）同書、一一四頁。
（6）ミルチア・エリアーデ著『世界宗教史Ⅱ』（全三巻）荒木美智雄他訳（筑摩書房、一九九一年）、八〜九頁。
（7）前掲『太陽と天空神』、八八頁。
（8）同書、九七〜九八頁。
（9）同書、一七九頁。
（10）同書、一三五頁。
（11）同書、一三一頁。

(12) 同書、一四二頁。
(13) 同書同頁（筆者注：本文では「、」のところをわかりやすくするために「↓」を用いた。）
(14) 同書同頁。
(15) 同書、一三五頁。
(16) 拙論「儒教の宗教性に関する一考察」（『アジア文化研究』国際アジア文化学会研究紀要第一〇号、二〇〇三年所収）参照。
(17) 崔吉城著『朝鮮の祭りと巫俗』（第一書房、一九八〇年、一二二頁）参照。
(18) 一九世紀末に聖書の韓国語訳が普及した。韓国内のキリスト教信仰は、一九六〇～一九七〇年代に急速に広まって、現在は人口の三分の一以上をキリスト教信者が占めている。
(19) 前掲『太陽と天空神』、一七九頁。
(20) 同書、二一〇頁。
(21) 同書同頁。
(22) 同書、二〇三～二〇四頁。
(23) 同書、二〇八～二〇九頁。

第二章

(1) 晋の陳壽（二三三～二九七年）が老年に私撰した三国時代の正史。漢末の魏・蜀・呉三国の歴史で、

「魏志」三〇、「蜀志」一五、「呉志」二〇の全六五巻から成っている。

(2) 原文は、『漢・韓史籍に顯はれたる日韓古代史資料』太田亮編著(磯部甲陽堂藏版、一九二八年、二六〜二九頁)による。

(3) 西晋(二六五〜三一六)時代の武帝の治世(太康、二八〇〜二八九)に、民間の歴史家である魚豢(ぎょかん)が後漢(二五〜二二〇)の滅亡から明帝(二二七〜二三九)の治政までの歴史を記録した史書。

(4) 魏収が編纂し、五五四年に成立。『北魏書』ともいう。

(5) 原文は、太田亮編著、前掲書(七五〜七九頁)による。

(6)『完訳 三国史記』金思燁訳注(明石書店、一九九七年)、二九二頁。

(7) 墓誌は、金石文で墨書体。全部で八〇〇余字となっている。一〜二行は牟頭婁墓誌の題記について、三行以後は牟頭婁本人と先祖の実績について記録されている。碑文によると、牟頭婁は、高句麗第一九代の廣開土王(=好太王、在位三三九〜四一三)時代に北夫餘地の知事を歴任した人物。その祖先は朱蒙に従って高句麗建国に功績をあげた。牟頭婁は廣開土王の死を知って、無念で泣き叫んで死んだ、という。韓国では、廣開土王碑文と共に貴重な古代史料とされる。

(8) 金思燁訳注、前掲『完訳 三国史記』、二九二頁。

(9)『三国史記』李丙燾訳注(乙由文化社、一九八三年)、三二八頁。

(10) 原文は、屈原『楚辞』「天問編」(漢詩選三)藤野岩友編(集英社、一九九六年)、一二六頁および、一二九頁を参照。
(11)白川静著『中国の神話』〈中公文庫〉中央公論社、一九八〇年)、一四四～一五七頁。
(12)同書、二六三頁。
(13)『戦国策(劉向編)・国語(抄)・論衡(抄)(王充著)』中国古典文学大系(全六〇巻の第七巻)常石茂・大滝一雄訳(平凡社、一九七二年、四二〇～四二七頁)を参照。
(14)金思燁訳注、前掲『完訳 三国史記』、四五六頁。
(15)『続日本紀』「桓武天皇」条によると、王仁貞らは百済国第一五代の近肖古王(在位、三四六～三七五)時代に来日したとあり、この時は、神功皇后の摂政の時代だという。
(16)高麗時代(九一八～一三九二)に李承休(一二二四～一三〇〇)が書いた『帝王韻記』(一二八七年)「本紀」に壇君神話が載っているが、『三国遺事』編纂とほぼ同年代なので、一然がいう『古記』とは考えられない。その他、(李氏)朝鮮王朝時代(一三九二～一九一〇)初期の『朝鮮王朝寛録(世宗荘憲大王寛録)』「地理志」平壌条に、「檀君古記」という文献の記録が残されている。
(17)『三国遺事』李載浩訳注(솔出版社、一九九七年)、六四～六五頁。
(18)今西龍著(『朝鮮古史の研究』国書刊行会 一九七〇年 所収)。
(19)李載浩訳注、前掲『三国遺事』、六四～七一頁。
(20)『日本書紀』の紀年に基づき神武天皇即位の年を元年と定めた紀元(皇紀元年はB.C.六六〇年に当たる)。日本では皇紀は、第二次世界大戦頃まで使われていた。今は神武天皇は実在しない天皇とされているし、初代天皇と考えられている第一〇代の崇神天皇は三世紀～四世紀頃とする説があり、皇紀は使われない。

(21) 韓国には白頭山・小白山・白岳山のように白を冠する多くの山があるが、伯と白は通音である。

(22) 李載浩訳注、前掲『三国遺事』、六五頁。なお、「阿斯」は日本の朝（あさ）に似た音であるが、現代韓国語でも朝のことは「아침」であり、日本語の朝と同じことばだったかもしれない。

(23) 七Cに、高句麗と百済が新羅に統合されて、統一新羅時代が始まる。

(24) 金思燁訳注、前掲『完訳 三国史記』、三〇頁。

(25) 同書同頁。

(26) 三品彰英著『古代祭政と穀霊信仰』三品彰英論文集〈全六巻の第五巻〉（平凡社、一九七三年）、五六八～五七三頁。

(27) 『三国史記』巻第三十二の「雑志」祭祀条には、第二二代の智證王の時に奈乙神宮を創立したとある。

(28) 李丙燾訳注、前掲『三国史記』、七七頁。

(29) 三品彰英著『増補 日鮮神話伝説の研究』三品彰英論文集〈全六巻の第四巻〉（平凡社、一九七二年）、三二一頁。

(30) 金思燁訳注、前掲『完訳 三国史記』、七七頁。

(31) 位置未詳。

(32)位置未詳。

(33)鳥越憲三郎著『古代朝鮮と倭族―神話解説と現地調査』(〈中公新書〉中公公論社、一九九二年)、四五頁。

(34)原文は、太田亮編著、前掲書九八頁を参照した。訳は筆者。

(35)金思燁訳注、前掲『完訳 三国史記』、三二二頁。

(36)李載浩訳注、前掲『三国遺事』、三四一頁。遼の道宗大康年間は、高麗時代の第一一代文宗王(在位、一〇二一~一〇八三)と時を同じくする。

(37)三品彰英著、前掲『増補 日鮮神話伝説の研究』、三二九~三五八頁。

(38)鳥越憲三郎著、前掲書、六二頁。

(39)末松保和論文「朝鮮古代諸国の開国伝説と国姓」(『青丘史草 一』笠井出版印刷社、一九六五年所収)

(40)溝口睦子著『王権神話の二元構造―タカミムスヒとアマテラス―』(吉川弘文館、二〇〇〇年)、一八八頁。

(41)『三国史記』では「右脇」とある。

(42)『三国史記』「新羅本紀」敬順王九年冬一〇月条。原文は以下のとおりである。「臣富軾 以文翰之任輔行 詣佑神館 見一堂設女仙像 館伴學士王黼曰 此貴國之神 公等知之乎 遂言曰 古有帝室之女 不夫而孕 爲人所疑乃泛海 抵辰韓生子 爲海東始主 帝女爲地仙 長在仙桃山 此其

像也　臣又見大宋國信使王襄祭東神聖母文　有娠賢肇邦之句　乃知東神則仙桃山神聖者也　然而不知其子王於何時」

(43) 一然著、金思燁訳注『完訳 三国遺事』(明石書店、一九九七年)、三八六頁。
(44) 同書、三八五〜三八六頁。
(45) 同書、三八六頁。
(46) 馬遷著司、野口定男訳『史記 下』(平凡社、一九七二年)、二八九頁。(　) 内は訳者の註。
(47) 同書、同頁。
(48) 袁珂著、鈴木博訳、前掲 (注4) 事典、三八五頁。
(49) 同事典、六二九頁。
(50) 同事典、五〇八〜五〇九頁。
(51) 同事典、五〇九頁。
(52) 同事典、二七、二八。
(53) 同事典、二九二頁「鵲橋」の項。
(54) 同事典、一三九頁「玉桃」の項、四一五頁「仙桃」「仙桃山」の項を参照。
(55) ビーダーマン著、藤大幸一監訳『図説 世界シンボル辞典』(八坂書房、二〇〇〇年)、三五〜三六頁「糸紡ぎ・紡錘《つむ》」の項参照。
(56) 袁珂著、鈴木博訳、前掲事典、五〇〇頁「天孫」の項参照。

(57) 金富軾著、이병도訳注『三国史記 상』(을유문화사、一九九九年)、三〇頁。
(58) 白川静著『字統』(平凡社、一九八四年)、四二三頁「舜」の項参照。
(59) 出石誠彦著『支那神話伝説の研究』(中央公論社、一九四三年)、五九〇頁参照。
(60) 同書、五七九頁。
(61) 袁珂著、鈴木博訳、前掲事典、二五一〜二五二頁「崑崙」の項。
(62) 同事典、同頁。
(63) 司馬遷著、野口定男訳『史記 上』(平凡社、一九七二年)、七八頁。
(64) 袁珂著、鈴木博訳、前掲事典、九〇頁、七一四頁「醴泉と甘水」の項参照。
(65) 高馬三良訳『山海経』(中国の古典シリーズ四、平凡社、一九七三年)、五〇〇頁。
(66) 袁珂著、鈴木博訳、前掲事典、一七七頁「月精」の項参照。
(67) 同事典、五一〇頁「東君」の項。
(68) 高馬三良訳、前掲書、四九二頁。
(69) 同書、四九八頁。

第三章

(1) 読み下し文は、『古事記』倉野憲司校注〈岩波文庫〉岩波書店、一九六三年、六七頁)による。
(2) 読み下し文は、『日本書紀(一)』(全五冊)坂本太郎・井上光貞他共校注〈岩波文庫〉岩波書店、

一九九四～一九九五年、一五四頁）による。
（3）読み下し文は、同書（一二〇～一二二頁）による。
（4）和田萃著『大系 日本の歴史二 古墳の時代』（小学館、一九八八年）、二〇二頁。
（5）読み下し文は、倉野憲司校注、前掲『古事記』（「邇邇芸命」条、七〇頁）による。
（6）読み下し文は、坂本太郎・井上光貞他共校注、前掲『日本書紀（一）』（「神武天皇」条、二三二頁）による。
（7）読み下し文は、同書（「神武天皇」条、二〇〇頁）による。
（8）『日本書紀』「神代」一書第四には、イザナキの子とある。
（9）読み下し文は、坂本太郎・井上光貞他共校注、前掲『日本書紀（一）』（「神武天皇」条、二四四頁）による。
（10）読み下し文は、大林太良著『神話の系譜—日本神話の源流をさぐる』〈講談社学術文庫〉講談社、一九九一年、二九頁）による。
（11）読み下し文は、倉野憲司校注、前掲『古事記』（「神武天皇」条、八〇頁）による。
（12）読み下し文は、坂本太郎・井上光貞他共校注、前掲『日本書紀（一）』（「神武天皇」条、二〇四～二〇六頁）による。
（13）読み下し文は、坂本太郎・井上光貞他共校注、前掲『日本書紀（一）』（「神武天皇」条、二〇八頁）による。

（14）読み下し文は、倉野憲司校注、前掲『古事記』（「神武天皇」条、八二〜八三頁）による。
（15）読み下し文は、坂本太郎・井上光貞他共校注、『日本書紀（一）』（「神武天皇」条、二一〇〜二一二頁。）による。
（16）『新編 大言海』大槻文彦・大槻清彦編（冨山房、一九八三年）「やたがらす」の頁を参照。
（17）同書「かささぎ」の頁を参照。
（18）福島秋穂著（『紀記の神話伝説研究』同成社、二〇〇二年 所収）、三二三頁。
（19）同書、三二三頁。
（20）同書、三二四頁。
（21）同書、三三五〜三三六頁。
（22）岡正雄著『異人その他―日本民族＝文化の源流と日本国家の形成』（言叢社、一九七九年）、一七五〜一九六頁。
（23）護正雄著『遊牧騎馬民族国家』（〈講談社現代新書〉講談社、一九六七年）、六七頁。
（24）ドーソン著『モンゴル帝国史』（全六巻）佐口透訳注（〈東洋文庫〉平凡社、一九六八年）、一八頁、原注二。

第四章

（1）岡正雄他著『日本民族の起源』（平凡社、一九五七年）。

（2）読み下し文は、坂本太郎・井上光貞他共校注、前掲『日本書紀（一）』（「神代」条、一三三一～一三六頁）による。
（3）訳文は、吉野裕訳、前掲『風土記』（二八三～二八四頁）による。
（4）筑紫申真著『アマテラスの誕生』（〈講談社学術文庫〉、講談社、二〇〇二年）、九三～九五頁。
（5）同書、一七八頁。
（6）同書、一七九～一八一頁、二〇七～二〇九頁。
（7）松前健論文「日本古代の太陽信仰と大和国家」（『古代日本人の信仰と祭祀』大和書房、一九八〇年夏、二二四号所収）、一六頁。
（8）ジャン＝ポール・クレベール著『動物シンボル辞典』竹内信夫他訳（大修館書店、一九八九年）。
（9）松村武雄著『日本神話の研究―個分的研究篇（下）』第三巻（培風館、一九五五年、五五九～五八四頁）を参照。
（10）松前健著『日本神話の形成』（塙書房、一九七〇年）、四五二頁。
（11）筑紫申真著、前掲書、一三五～一三六頁。
（12）同書、一三八頁。
（13）例えば、松村武雄著『日本神話の研究―個分的研究篇（下）』第三巻（培風館、一九五五年）、松前健前掲論文「日本古代の太陽信仰と大和国家」、谷川健一前掲書『青銅の神の足跡』など。
（14）三品彰英著、前掲『増補 日鮮神話伝説の研究』、一六三～一六四頁。

(15) 松村武雄著、前掲書、五五二頁。
(16) 荻原秀三郎著『神樹―東アジアの柱立て』(小学館、二〇〇一年)、四九～五〇頁。
(17) 筑紫申真著、前掲書、一八六～一八七頁。
(18) 覃光広他著『中国少数民族の信仰と習俗(上)』伊藤清司監訳(第一書房、一九九三年)、八八頁。
(19) ジル・ラガッシュ著『オオカミと神話・伝承』高橋正男訳(大修館書店、一九九二年)、四頁。
(20) 読み下し文は、坂本太郎・井上光貞他共校注、前掲『日本書紀(一)』(二七八頁)による。
(21) 読み下し文は、同書(『日本書紀(二)』、三八～四〇頁)による。
(22) 読み下し文は、同書(「垂仁天皇」二五年条、四〇頁)による。
(23) 読み下し文は、同書(一三八頁)による。
(24) この神は、天照大神の荒魂であるとか、伊勢地方の民俗神であるという説もある。また、永留久恵のように、対馬の阿麻氐留神社の祭神とする説もある(彼の著書『海神と天神―対馬と風土と神々』(白水社、一九八八年、三五四～三五五頁)を参照。
(25) 読み下し文は、坂本太郎・井上光貞他共校注、前掲『日本書紀(三)』(八〇～八二頁)による。
(26) 現在の四日市北部と三重郡北部の一部。
(27)『日本古代氏族人名辞典』坂本太郎・平野邦雄監修(吉川弘文館、一九九〇年)一〇頁を参照。
(28) 筑紫申真著、前掲書、一二三頁。
(29) 同書、一一八頁。

(30) 読み下し文は、坂本太郎・井上光貞他共校注、前掲『日本書紀(四)』(二二六頁)による。
(31) 筑紫申真著、前掲書、一六一〜一六二頁。
(32) 三重県阿山郡阿山町石川の穴石神社と考えられている。
(33) 訳文は、吉野裕訳、前掲『風土記』(二八四〜二八五頁)による。
(34) 山上伊豆母著『古代神道の本質』(法政大学出版局、一九八九年)、一二〇〜一三〇頁。
(35) 拙論「韓国および沖縄の『門中制度』とそこでの女性の役割の比較考察」(『桜美林国際学論集/Magis』第七号、二〇〇二年所収)参照。
(36) 読み下し文と訳は、外間守善校注『おもろさうし(上)』全二冊(〈岩波文庫〉岩波書店、二〇〇〇年、一四頁)による。
(37) 同書、四四頁。
(38) 同書(第二巻の四二)、五〇頁。
(39) 同書、八七頁。
(40) 同書、三七四頁。
(41) 同書同頁。
(42) 読み下し文は、坂本太郎・井上光貞他校注、前掲『日本書紀(一)』(「神代」条、一二〇〜一二二頁)による。
(43) 土橋寛著『日本語に探る古代信仰—フェティシズムから神道まで—』(〈中公新書〉中央公論新社、

一九九〇年）、一〇九～一一五頁。
(44) 同書、一一二頁。
(45) 読み下し文は、坂本太郎・井上光貞他校注、前掲『日本書紀（一）』（二二〇～二二二頁）による。
(46) 読み下し文は、同書（二四二頁）による。
(47) 別名を日臣命という。大伴氏の遠祖。『姓氏録』には高魂命の九世孫とされる。
(48) 溝口睦子著、前掲書、一七五頁。
(49) 読み下し文は、坂本太郎・井上光貞他校注、前掲『日本書紀（三）』（一二八～一三〇頁）による。
(50) 読み下し文は、同書（一三〇頁）による。
(51) 読み下し文は、倉野憲司校注、前掲『古事記』（三六頁）による。
(52) その左目が太陽、右目が月。
(53) 国土を創成した一種の天空神であろう。その左目からアマテラス、右目から月読の命が生まれた。
(54) 三品彰英著『日本神話論』三品彰英論文集〈全六巻の第一巻〉（平凡社、一九七〇年）、一七七～一七八頁。
(55) 溝口睦子著、前掲書、一九二～一九八頁。
(56) 日本側の史料に見られる任那は伽耶地域を指しているようだ。伽耶は後に、新羅に含まれる。
(57) 読み下し文は、倉野憲司校注、前掲『古事記』（一三四頁）による。
(58) 読み下し文は、坂本太郎・井上光貞他校注、前掲『日本書紀』（二八八頁）による。

(59) 永留久恵著『海神と天神―対馬の風土と神々』(白水社、一九八八年)、三三八頁。
(60) 同書、三六〇～三六一頁。
(61) 筑紫申真著、前掲書と松前健前掲論文「日本古代の太陽信仰と大和国家」を参照。
(62) 永留久恵著、前掲書、三七三頁。
(63) 同書、一七四頁。

第五章

(1) 原文は、『譯註 殊異傳逸文』김현양他共編(박이정、一九九六年)による。
(2) 原文は、大田亮編著、前掲書(二二頁)による。訳文は、井上秀雄訳注、前掲書(二九一頁)による。
(3) 海野一隆著『地図に見る日本―倭国・ジパング・大日本―』(大修館書店、一九九九年)、九九頁。
(4) 原文は、大田亮編著、前掲書(一四九頁)による。
(5) 読み下し文は、筆者。
(6) 小川国治編『山口県の歴史』(山川出版社、一九九八年)、八八～九〇頁。
(7) 同書、九七頁。
(8) 『日本古代氏族人名辞典』坂本太郎・平野邦雄監修(吉川弘文館、一九九〇年)、六八七頁。
(9) 金達寿著『古代朝鮮と日本文化―神々のふるさと―』(〈講談社学術文庫〉講談社、一九八六年)、

九八頁。金思燁著『記紀万葉の朝鮮語』（六興出版、一九七九年）、一一三頁。
（10）訳文は、吉野裕訳、前掲『風土記』（三〇五頁）による。
（11）金達寿著、前掲書、九六〜九八頁。
（12）松村一男著『女神の神話学 処女母神の誕生』（〈平凡社選書〉平凡社、一九九九年）、一〇八〜一一二頁。
（13）三品彰英著、前掲『古代祭政と穀霊信仰』、四九七〜四九九頁。
（14）訳文は、宇治谷孟全現代語訳、前掲『日本書紀（上）』（一一七頁）による。
（15）松村一男著、前掲書、一一〇〜一一一頁。
（16）蘇在英論文「延烏郎細烏女説話」（『韓国説話文學研究』崇田大學校出版部、一九八四年 所収）、中田薫論文「延烏細烏考」（『古代日韓交渉史断片考』創文社、一九五六年 所収）、四八〜四九頁参照。
（17）三品彰英著、前掲『増補 日鮮神話伝説の研究』、二五三〜二五四頁。
（18）黄浿江著『韓国の神話・伝説』宋貴英訳（東方書店、一九九一年）、一六三〜一六四頁。慶尚北道迎日郡の日月洞にある日月池のほとりに、日本へ渡った細烏が織り成した絹を保管した貴妃庫があったといわれる。昔は月池の西北に一本の大樹があり、春と秋に洞祭が行なわれたという。そこで願いをかけると豊作・豊魚に効験があり、石女が祈れば玉のような子を授かると信じられていた。今日でも、この場所では毎年二回、陰暦の正月と正月一五日の夜、男性たちは山に登り、火を焚き、女性たちは川に行って嫁入りの身ぶりをし、延烏・細烏夫婦の伝説をまねた祭りが行なわれている。

(19) 井上秀雄著『倭・倭人・倭国』(人文書院、一九九一年)、一三九頁。
(20)『完訳 三国遺事』金思燁訳注(明石書店、一九九七年)、八七頁。
(21) 大和岩雄論文「太陽祭祀と古代王権(一)」(『東アジアの古代文化 特集 日本古代の太陽祭祀と方位観』大和書房、一九八〇年 夏号 所収)、八五頁。
(22) 読み下し文は、『古事記(下)』(全三巻)次田真幸全訳注〈講談社学術文庫〉講談社、一九八四年、五九頁)による。原文には、「此之御世 兎寸河之西 有一高樹 其樹之影 當旦日者 逮淡道嶋 當夕日者越高安山 故 切是樹以作船 甚捷行之船也 時號其船謂枯野」とある。
(23) 大和岩雄、前掲論文「太陽祭祀と古代王権(一)」、八二頁。
(24) 谷川健一著『青銅の神の足跡』(〈小学館ライブラリー〉小学館、一九九五年)。
(25) トキとツキは本来同じと思われる。なぜなら鳥の朱鷺(とき)はかつてツキと呼ばれたからである。
(26) 森浩一著『記紀の考古学』(〈朝日文庫〉朝日新聞社、二〇〇五年)、二二九頁。
(27) 大和岩雄著『神々の考古学』、前掲書、二二六頁。
(28) 比売許曾以外に、この「コソ」が付く神社は、河内国丹比郡阿麻美許曾(あまみこそ)神社、伊勢国三重郡小許曾(おこそ)神社、出雲国秋鹿郡許曾志(こそし)神社、近江国浅井郡上許曾神社などがある。
(29) 金達寿著、前掲書、一八四頁。
(30) 同書、四九~五〇頁。

(31) 訳文は、吉野裕訳、前掲『風土記』(二七九～二八〇頁)による。
(32) 川副武胤著『日本神話』(読売新聞社、一九七一年)参照。
(33) 読み下し文は、倉野憲司校注、前掲『古事記』(「応神天皇」条、一五一頁)による。
(34) 谷川健一著、前掲書、一八〇～一八一頁。
(35) 千田稔編『海の古代史―東アジア地中海考』(角川書店、二〇〇二年)、一七六頁。
(36) 千田稔著『王権の海』(角川書店、二〇〇一年)、一四六頁。
(37) 上垣外憲一著『倭人と韓人―記紀から読む古代交流史』〈講談社学術文庫〉講談社、二〇〇三年)、五六～五九頁。
(38) 同書、五九頁。
(39) 同書、六〇頁。
(40) 護雅夫著『遊牧騎馬民族国家』〈講談社新書〉講談社、一九六七年)、一二七～一二九頁。
(41) 三品彰英著、前掲『増補 日鮮神話伝説の研究』、三八七～三九一頁。
(42) 肥後和男著『日本の神話』(雪華社、一九六八年)、一七四頁。
(43) 神功皇后の名は息長帯日売(おきながたらしひめ)だが、このタラシヒメの「シ」は助詞の「の」であるから、「多羅の姫」となる。また「大加羅国の王子」といわれる都怒我阿羅斯等(つぬがあらしと)の「阿羅」は国名の「阿羅」に通じる。『記』「応神天皇」条では、「天之日矛　聞其妻遁　乃追渡來　將到難波之間　其渡之神……多遲摩國　卽留其國而　娶多遲摩之俣尾之女　名前津見　生

子……多遲摩毛理　次多遲摩比多訶　次淸日子　三柱　此淸日子娶當摩之咩斐　生子　酢鹿之諸男
次妹竈　上由良度美……上云多遲摩比多訶　娶其姪　由良度美　生子　葛城之高額比賣命　此者息
長帯比賣命之御祖」とある。

(44) 訳文は、吉野裕訳、前掲『風土記』（七一頁）による。

(45) 訳文は、同書（七九～八〇頁）による。

(46) 訳文は、同書（三四三頁）による。

(47) 読み下し文は、『古語拾遺』斎部広成撰、西宮一民校注〈岩波文庫〉岩波書店、一九八五年、三九～四〇頁）による。

(48) 読み下し文は、坂本太郎・井上光貞他共校注、前掲『日本書紀（二）』（二二一～二二四頁）による。

(49) 三品彰英著、前掲『増補 日鮮神話伝説の研究』、一三九～一四〇

(50) 読み下し文は、坂本太郎・井上光貞他共校注、前掲『日本書紀（二）』（二二二頁）による。

(51) 読み下し文は、同書（五二～五四頁）による。

(52) 『紀』では非時（ときじく）の香果（かぐのみ）もしくは香菓。橘のことといわれる。

(53) 読み下し文は、坂本太郎・井上光貞他共校注、前掲『日本書紀（二）』（「垂仁天皇」九〇年二月条、五四～五六頁）による。

(54) 読み下し文は、同書（一五一頁）による。

(55) 松前健著『日本の神々』（〈中公新書〉中央公論社、一九七四年）、一四三～一四四頁。

(56) 同書同頁。
(57) 同書同頁。
(58) 山上伊豆母著『古代神道の本質』(法政大学出版局、一九八九年)、二九三～二九四頁。
(59) 山上伊豆母著、前掲書、二九〇～二九一頁。
(60) 読み下し文は、『竹取物語』阪倉篤義校訂〈岩波文庫〉岩波書店、一九七〇年、九頁)による。
(61) 拙論「韓国のシャーマニズム—史的概観とムーダンの成巫過程—」(『人体科学』第一二巻第一号、二〇〇三年 所収、三七～四五頁)参照。
(62) 読み下し文は、阪倉篤義校訂、前掲『竹取物語』(九頁)による。
(63) 読み下し文は、同書(二一頁)による。
(64) 読み下し文は、久保田淳・大曾根章介他共校注者「海道記」(『中世日記紀行集』岩波書店、一九九〇年 所収、一〇一頁)による。
(65) 訳文は、吉野裕訳、前掲『風土記』(一四五頁)による。
(66) 読み下し文は、倉野憲司校注、前掲『古事記』(八七～八八頁)による。
(67) 大和岩雄著、前掲『神々の考古学』、二六五頁。

第六章

(1) 護雅夫著『遊牧騎馬民族国家』〈現代新書〉講談社、一九六七年)、三三～三六頁。

(2) 任東権著『韓日民俗文化の比較研究』(岩田書院、二〇〇三年)、一七頁。
(3) 井上光貞著『日本の歴史一──神話から歴史へ』(〈中公文庫〉中央公論社、一九七三年)、九一～九二頁。
(4) 同書、九〇～九一頁。
(5) 同書、九〇頁。
(6) 訳文は、『元朝秘史』小澤重男訳(〈岩波文庫〉岩波書店、一九九七年、一三頁)による。
(7) 護雅夫著『古代遊牧帝国』(〈中公新書〉中央公論社、一九七六年)、三七頁。
(8) 同書、三七～三九頁。
(9) 出石誠彦著『支那神話伝説の研究』(中央公論社、一九四三年)、一五〇～一五四頁。
(10)「王、首長」を意味する「罕」(カン)に対して、「合罕」(カハン)はチンギス一族出自の「王」にのみ冠された一種の称号であるという。小澤重男訳、前掲書、四八頁。
(11) 読み下し文は、小澤重男訳、前掲書(二〇頁)による。
(12) 読み下し文は、同書(三八頁)による。
(13) 読み下し文は、同書(二二四頁)による。
(14) 読み下し文は、同書(八三頁)による。
(15) 原文は、出石誠彦著、前掲書(五〇四頁)による。
(16) 原文は、同書(五〇一頁)による。

(17) 原文は、同書（五一二頁）による。
(18) 護雅夫著、前掲『遊牧騎馬民族国家』、七一頁。
(19) 同書、一八八頁。溝口睦子著、前掲書、一八一～一八五頁。
(20) 司馬遷著、前掲『史記（下）』、一六三頁。
(21) 同書、一六六頁。
(22) 同書、九六頁。
(23) 山田信夫著『北アジア遊牧民族史研究』（東京大学出版会、一九八九年）、一六六頁。
(24) 三品彰英著、前掲『神話と文化史』、五一五～五二〇頁と護雅夫著、前掲『遊牧騎馬民族国家』、七二頁を参照。
(25) 護雅夫著、前掲『遊牧騎馬民族国家』、九六頁や三品彰英著、前掲『神話と文化史』、五一五～五二〇頁や溝口睦子著、前掲書、一八一～一八五頁などを参照。
(26) ドーソン著『モンゴル帝国史一』佐口透訳注（〈東洋文庫〉平凡社、一九六八年、一九頁）参照。
(27) 護雅夫著、前掲『遊牧騎馬民族国家』、四四頁。
(28)『荘子内篇』森三樹三郎訳注（〈中公文庫〉中央公論社、一九七四年）、（ ）は私訳。
(29)『世界シンボル大事典』金光仁三郎編（大修館書店、一九九六年、二一九～二二一頁）「鍛冶屋」の項目。
(30) 松村武雄著、前掲書、五一〇頁。

(31) 三田村泰助論文「朱蒙伝説とツングース文化の性格」(『古代の朝鮮と日本—その建国伝承と関連性』現代のエスプリ№一〇七、至文堂、一九七六年 所収)、一〇五~一〇六頁。

(32) 溝口睦子著、前掲書、一八一~一八二頁。

(33) 金烈圭著『韓国神話の研究』泊勝美訳(学生社、一九七八年)、二一五~二一六頁。

(34) 同書、二一四頁。

(35) 同書同頁。

(36) 同書、二一四~二一五頁。

参考文献

【欧文資料】

Mircea Eliade, *Traité d'Histoire des Religions* (Paris, Payot, 1968)、ミルチア・エリアーデ著『太陽と天空神　宗教学概論1』エリアーデ著作集〈第一巻〉久米博訳（せりか書房、一九七四年）

Mircea Eliade, *Histoire des Croyances et Idées Religieuses*, I～III (Paris, 1976～1983)、ミルチア・エリアーデ著『世界宗教史』全三巻、荒木美智雄他訳（筑摩書房、一九九一年）

【韓国資料】

『三国史記』金富軾著、一一四五年（奎章閣図書館〈규장각 도서관〉蔵）

『三国史記』金富軾著、〈影印本〉古典刊行会、一九三一年）

『三国史記』（上下）金富軾著、이강래訳（한길사、一九九八年）

『三国史記』（上下）金富軾著、李丙燾訳（乙由文化社、一九八三年）

『完訳 三国史記』金富軾著、金思燁訳（明石書店、一九九七年）

『三国遺事』一然著、一二八一～一二八三年（奎章閣図書館〈규장각 도서관〉蔵）

『三国遺事』一然著、〈影印本〉古典刊行会、一九三二年）

『三国遺事』（上下）一然著、李載浩訳（솔出版社、一九九七年）
『完訳 三国遺事』一然著、金思燁訳（明石書店、一九九七年）
『朝鮮王朝寛録（世宗荘憲大王寛録）』一四一八〜一四五〇年（〈奎章閣図書館〉규장각도서관〉蔵）
『東國輿地勝覧』一四八一年（奎章閣図書館〈규장각 도서관〉蔵）
『新増東國輿地勝覧』이행著、（〈影印本〉東國文化社、一九六四年）
『筆苑雜記』徐居正著、一四二〇〜一四八八年（国立中央図書館〈국립중앙도서관〉蔵）
『譯註 殊異傳逸文』김현양他共訳（박이정、一九九六年）
『帝王韻記』李承休著、（〈影印本〉朝鮮古典刊行会、一九三九年）
『東國李相國集』李圭報著、（〈影印本〉東國文化社、一九五八年）
『朝鮮上古史』（上下）、申采浩著、（影印本）（鐘路書院、一九四八年）
『海東諸國紀』申叔舟著、一四七一年（奎章閣図書館〈규장각 도서관〉蔵）
『海東諸国紀―朝鮮人の見た中世の日本と琉球―』申叔舟著、田中健夫訳注（〈岩波文庫〉岩波書店、一九九一年）

【日本資料】

『古事記』倉野憲司校注（〈岩波文庫〉岩波書店、一九六三年）
『古事記』（上中下）、次田真幸校注（講談社、一九七七年）

『日本書紀』（全五冊）坂本太郎・井上光貞他校注〈岩波文庫〉岩波書店、一九九四〜一九九五年
『日本書紀』（上下）、宇治谷孟全現代語訳〈講談社学術文庫〉講談社、一九八八年
『続日本紀』（上中下）、宇治谷孟訳〈講談社学術文庫〉講談社、一九九二〜一九九五年
『古語拾遺』西宮一民校注〈岩波文庫〉岩波書店、一九八五年
『先代旧事本紀』（神道大系 古典編）、財団法人 神道大系編纂会編（神道大系編纂会、一九八〇年
『新撰姓氏録』（神道大系 古典編）、財団法人 神道大系編纂会編（神道大系編纂会、一九八三年
『風土記』吉野裕訳〈東洋文庫〉平凡社、一九六九年
『神皇正統記』岩佐正校注〈岩波文庫〉岩波書店、一九七五年
『万葉集』（上下）佐々木信綱編（岩波書店、一九二七年
『懐風藻』辰巳正明編（笠間書院、二〇〇〇年
『竹取物語』坂倉篤義校訂〈岩波文庫〉岩波書店、一九七〇年
『おもろさうし』（全二冊）外間守善校注〈岩波文庫〉岩波書店、二〇〇〇年

【中国資料】

『日韓古代史資料』太田亮編著（磯部甲陽堂、一九二八年
『三国史記倭人伝―朝鮮正史日本伝―』佐伯有清編訳〈岩波文庫〉岩波書店、一九八八年
『東アジア民族史―正史東夷伝』（全二巻）井上秀雄他訳〈東洋文庫〉平凡社、一九七四年

『新訂 旧唐書倭国日本伝 他二編―中国正史日本伝―』石原道博編訳（岩波書店、一九五六年）
『新訂 魏志倭人伝・後漢書倭伝宋書倭国伝・随書倭国伝―中国正史日本伝―』石原道博編訳（岩波書店、一九五一年）
『漢書・後漢書三国志列伝選』（中国の古典シリーズ）、本田済編訳（平凡社、一九七三年）
『戦国策（劉向編）・国語（抄）・論衡（抄）（王充著）』（中国古典文学大系）、常石茂・大滝一雄訳（平凡社、一九七二年）
『漢・韓史籍に顕はれたる日韓古代史資料』太田亮編著（磯部甲陽堂、一九二八年）
『荘子内篇』森三樹三郎訳注（〈中公文庫〉中央公論社、一九七四年）
『山海経』高馬三良訳（〈平凡社ライブラリー〉平凡社、一九九四年）
『モンゴル帝国史』（全六巻）ドーソン著、佐口透訳注（〈東洋文庫〉平凡社、一九六八年）
『元朝秘史』（上下）小澤重男訳注（岩波書店、一九九七年）
『史記』（上下）司馬遷著、野口定男他訳（平凡社、一九七二年）
『詩経』目加田誠訳（〈講談社学術文庫〉講談社、一九九一年）

【引用、および参考文献】

網干善教・石野博信他共編著『三輪山の考古学―大和王権発祥の地から古代日本の謎を解く―』（学生社、二〇〇三年）

クロード＝カトリーヌ・ラガッシュ、ジル・ラガッシュ（Claude-Catherine & Gilles Ragache）著『狼と西洋文明』高橋正男訳（八坂書房、一九八九年）
江上波夫・大野晋共編『古代日本語の謎』（毎日新聞社、一九七三年）
川副武胤著『日本神話』（読売新聞社、一九七一年）
ジル・ラガッシュ（Gilles Ragache）著『オオカミと神話・伝承』高橋正男訳（大修館書店、一九九二年）
原山煌著『モンゴルの神話・伝説』（東方書店、一九九五年）
橋本進吉著『古代国語の音韻に就いて』（他二編）（〈岩波文庫〉岩波書店、一九八〇年）
ヘンドリック・ハメル著『朝鮮幽囚記』生田滋訳（〈東洋文庫〉平凡社、一九六九年）
肥後和男著『日本神話研究』（河出書房、一九三八年）
肥後和男著『日本の神話』（雪華社、一九六八年）
弘末雅士著『東南アジアの建国神話』（山川出版社、二〇〇三年）
フランソワ・ドマ著『エジプトの神々』大島清次訳（〈文庫クセジュ〉白水社、一九六六年）
福島秋穂著『紀記の神話伝説研究』（同成社、二〇〇二年）
今西龍著『朝鮮古史の研究』（国書刊行会、一九七〇年）
井上秀雄著『倭・倭人・倭国』（人文書院、一九九一年）
井上秀雄著『古代アジアの文化交流』（溪水社、一九九三年）

井上秀雄・旗田巍共編者『古代日本と朝鮮の基本問題』（学生社、一九七四年）
井上光貞著『日本の歴史一―神話から歴史へ―』（〈中央文庫〉中央公論社、一九七三年）
井上辰雄論文「菊池川流域の古代祭祀遺跡―岩倉と隠《こも》りの穴―」（『東アジアの古代文化』大和書房、一九七五年 初夏号 所収）
井上辰雄論文「太陽祭祀と古代氏族―日置部を中心として―」（『東アジアの古代文化 特集 日本古代の太陽祭祀と方位観』大和書房、一九八〇年 夏号 所収）
石野博信・森浩一他編者『三輪山の考古学―大和王権発祥の地から古代日本の謎を解く―』（学生社、二〇〇三年）
伊藤清司著『昔話 伝説の系譜―東アジアの比較説話学―』（第一書房、一九九一年）
伊藤清司著『中国の神話・伝説』（東方書店、一九九六年）
出石誠彦著『支那神話と傳説の研究』（中央公論社、一九四三年）
ジャン・ヴェルクテール著『古代エジプト』大島清次訳（〈文庫クセジュ〉白水社、一九六〇年）
J. G. Frazer 著『図説 金枝篇』山内昭一郎他訳（東京書籍、一九九四年）
梶村秀樹著『朝鮮史』（〈新書東洋史〉講談社、一九七七年）
角林文雄著『倭と韓―邪馬台国の源流を探る―』（学生社、一九八三年）
角川書店編『竹取物語』（〈角川ソフィア文庫〉角川書店、二〇〇一年）
片桐洋一他校注・訳『竹取物語』日本古典文学全集8（小学館、一九七二年）

門脇禎二著『日本海域の古代史』（東京大学出版会、一九八六年）
上垣外憲一著『倭人と韓人』（〈講談社学術文庫〉講談社、二〇〇三年）
上山春平著『神々の体系』（〈中公新書〉中央公論社、一九七二年）
『国文学 解釈と鑑賞―日本神話〈始原と展開〉』第四二巻一二号 一〇月号（至文堂、一九七七年）
笠井倭人著『古代の日朝関係と日本書紀』（吉川弘文館、二〇〇〇年）
濱田耕策著『新羅国史の研究―東アジア史の視点から―』（吉川弘文館、二〇〇二年）
久保田淳・大曾根章介他校注『中世日記紀行集』新日本古典文学大系51（岩波書店、一九九〇年）
李家正文著『魏志倭人伝の虚構と真実』（泰流社、一九八九年）
馬淵和夫他校注・訳『今昔物語（四）』日本古典文学全集24（小学館、一九七六年）
前田晴人著『神功皇后伝説の誕生』（大和書房、一九九八年）
マルコ・ポーロ著『東方見聞録』愛宕松男訳（〈東洋文庫〉平凡社、一九七〇年）
松本信広論文「神話伝説」（『解釈と鑑賞 別冊 現代のエスプリ 日本国家の成立を探る説』（至文堂、一九七一年 第九巻四九号 所収）
松前健著『日本神話の形成』（塙書房、一九七〇年）
松前健著『日本の神々』（〈中公新書〉中央公論新社、一九七四年）
松前健論文「日本古代の太陽信仰と大和国家」（『季刊 東アジアの古代文化』大和書房、一九八〇年夏号 所収）

松前健論文「古代日本人の信仰と祭祀」(『日本古代の太陽信仰と大和国家』大和書房、一九九七年 所収)
松村一男著『女神の神話学 処女母神の誕生』〈平凡社選書〉平凡社、一九九九年)
松村一男・渡辺和子共編『太陽神の研究(上巻)』(リトン、二〇〇二年)
松村武雄著『民族性と神話』(培風館、一九三四年)
松村武雄著『日本神話の研究第三巻 個別的研究篇(下)』(全三巻)(培風館、一九五五年)
三上鎮博論文「山陰沿岸の漂着文化」(『東アジアの古代文化 特集 古代の日本の新羅系文化』大和書房、一九七四年 秋号 所収)
三品彰英著『日本神話論』三品彰英論文集(第一巻)(平凡社、一九七〇年)
三品彰英著『建国神話の諸問題』三品彰英論文集(第二巻)(平凡社、一九七一年)
三品彰英著『神話と文化史』三品彰英論文集(第三巻)(平凡社、一九七一年)
三品彰英著『増補 日鮮神話伝説の研究』三品彰英論文集(第四巻)(平凡社、一九七二年)
三品彰英著『古代祭政と穀霊信仰』三品彰英論文集(第五巻)(平凡社、一九七三年)
三田村泰助論文「朱蒙伝説とツングース文化の性格」(『古代の朝鮮と日本―その建国伝承と関連性』現代のエスプリNo.一〇七、至文堂、一九七六年 所収)
溝口睦子著『王権神話の二元構造―タカミムスヒとアマテラス―』(吉川弘文館、二〇〇〇年)
水野祐著『日本古代の国家形成』(〈現代新書〉講談社、一九六七年)
水野祐著『日本神話を見直す』(学生社、一九九六年)

森浩一著『日本神話の考古学』〈朝日文庫〉朝日新聞社、一九九九年）
護雅夫著『遊牧騎馬民族国家』〈講談社現代新書〉講談社、一九六七年）
護雅夫著『古代遊牧帝国』〈中公新書〉中央公論社、一九七六年）
武藤正典論文「若狭湾とその周辺の新羅系遺跡」（『東アジアの古代文化 特集 古代の日本の新羅系文化』
大和書房、一九七四年 秋号 所収）
長野正著『日本古代王権と神話伝説の研究』（講談社出版サービスセンター、一九八五年）
永留久恵著『海神と天神 対馬の風土と神々』（白水社、一九八八年）
永留久恵著『対馬古代史論集』（名著出版、一九九一年）
永留久恵論文「古代日本人の信仰と祭祀」（『神と王と卜宮』大和書房、一九九九年 所収）
直木孝次郎著『日本神話と古代国家』〈講談社学術文庫〉講談社、一九九〇年）
野尻抱影著『星の神話・伝説』〈講談社学術文庫〉講談社、一九七七年）
大林太良編『世界の神話』（日本放送出版協会、一九七六年）
大林太良著『神話の系譜 日本神話の源流をさぐる』〈講談社学術文庫〉講談社、一九九一年）
大林太良著『北の神々 南の英雄―列島のフォークロア12章―』（小学館、一九九五年）
大林太良著『仮面と神話』（小学館、一九九八年）
小川国治著『山口県の歴史』（山川出版社、一九九八年）
萩原秀三郎著『神樹―東アジアの柱立て』（小学館、二〇〇一年）

荻原眞子著『東北アジアの神話・伝説』（東方書店、一九九五年）
岡正雄論文「日本民族文化の形成」（『図説日本文化史大系』言叢社、一九五六年 所収）
岡正雄論文「二つの建国神話」（『日本古典学大系』月報一三号、一九五八年）
岡正雄・江上波夫他著『対談と討論 日本民族の源流』（平凡社、一九五八年）
岡正雄著『異人その他 日本民族＝文化の源流と日本国家の形成』（言叢社、一九七九年）
岡田英弘著『倭国』（〈中公新書〉中央公論社、一九七七年）
岡田精司著『古代王権の祭祀と神話』（塙書房、一九七〇年）
小西正巳著『古代の虫まつり』（学生社、一九九一年）
山上伊豆母著『古代神道の本質』（法政大学出版局、一九八九年）
佐々木高明著『日本文化の多重構造—アジア的視野から日本文化を再考する』（小学館、一九九七年）
千田稔編著『海の古代史—東アジア地中海考』（〈角川選書〉角川書店、一九九七年）
千田稔著『王権の海』（角川書店、二〇〇一年）
千田稔・上野誠他編『三輪山の古代史—大和王権発祥の地から古代日本の謎を解く』（学生社、二〇〇三年）
初期王権研究委員会編『古代王権の誕生1—東アジア編』角田文衛・上田正昭監修（角川書店、二〇〇三年）
司馬遼太郎・上田正昭・金達寿編『朝鮮と古代日本文化』（〈中公文庫〉中央公論社、一九八二年）

白川静著『中国の神話』〈中公文庫〉中央公論社、一九八〇年）
白川静著『字訓』（平凡社、一九八七年）
鈴木武樹編集・解説「古代の朝鮮と日本―その建国伝承と関連性」（『現代のエスプリ』No.一〇七、至文堂、一九七六年）
末松保和論文「朝鮮古代諸国の開国伝説と国姓」（『青丘史草』一、笠井出版印刷社、一九六五年 所収）
高木敏雄著『日本神話傳説の研究』（荻原星文館、一九四三年）
玉井幸助校訂『東関紀行・海道記』（〈岩波文庫〉岩波書店、一九三五年）
田中治吾平著『天照大神の研究―日本統一神教思想の発達の研究―』（霞ヶ関書房刊、一九七三年）
谷川健一論文「邪馬台国と鵲」（『東アジアの古代文化』大和書房、一九七五年 初夏号 所収）
谷川健一著『太陽と月―古代人の宇宙観と死生観―』（普及版 第二巻）日本民俗文化体系（小学館、一九八三年）
谷川健一著『青銅の神の足跡』（〈小学館ライブラリー〉小学館、一九九五年）
鳥越憲三郎著『古代朝鮮と倭族』（〈中公新書〉中央公論社、一九九二年）
筑紫申真著『アマテラスの誕生』（〈講談社学術文庫〉講談社、二〇〇二年）
土橋寛著『日本語に探る古代信仰』（〈中公新書〉中央公論新社、一九九〇年）
上田賢治著『記紀神話の神学』（文明堂、二〇〇二年）
上田正昭著『日本神話』（〈岩波新書〉岩波書店、一九七〇年）

上田正昭著『日本の神話を考える』（〈小学館ライブラリー〉小学館、一九九四年）
上田正昭・門脇禎二他著『三輪山の神々―大和王権発祥の地から古代日本の謎を解く―』（学生社、二〇〇三年）
海野一隆著『地図に見る日本―倭国・ジパング・大日本―』（大修館書店、一九九九年）
和田萃著『大系 日本の歴史2 古墳の時代』（小学館、一九八八年）
山田信夫著『北アジア遊牧民族史研究』（東京大学出版会、一九八九年）
山口県社会科教育研究会編『山口県の歴史散歩』（山川出版社、一九七四年）
大和岩雄論文「太陽祭祀と古代王権（一）」（『東アジアの古代文化 特集 日本古代の太陽祭祀と方位観』大和書房、一九八〇年 夏号 所収）
大和岩雄著『日本古代王権試論―古代韓国との関連を中心に―』（名著出版、一九八一年）
大和岩雄著『神々の考古学』（大和書房、一九九八年）
横田健一論文「建国神話にみる古代朝鮮と日本」（『歴史読本 特集 古代朝鮮と飛鳥王朝』新人物往来社、一九八四年 一一号 所収）
依田千百子著『朝鮮神話の研究』（琉球書房、一九九一年）
吉野裕子著『隠された神々―古代信仰と陰陽五行』（人文書院、一九九二年）
吉野裕論文「オホクニヌシ多名の由来―鉄の神話の流れ―」（『東アジアの古代文化 特集 古代の日本の新羅系文化』大和書房、一九七四年 秋号 所収）

覃光広他著『中国少数民族の信仰と習俗（上）』伊藤清司監訳（第一書房、一九九三年）

【韓国書】（日本語訳書を含む）

崔昌圭著『한국의 사상（韓国の思想）』（瑞文堂、一九七五年）
崔吉城著『朝鮮の祭りと巫俗』（第一書房、一九八二年）
崔吉城著『韓国の社会と宗教―日本人による社会人類学的研究―』（亜世亜文化社、一九九〇年）
崔南善著『兒時朝鮮』（東洋書院、一九二七年）
崔南善著『不咸文化論』（朝鮮思想通信社、昭和二年）
千寛宇論文「東アジアの古代文化 特集 日本の古代王権」（『韓国古代史研究の現況』大和書房、一九七六年 春号 所収）
千寛宇論文「韓国史の潮流―三国時代（抄）」長谷川守美訳（井上秀雄・旗田巍編者『古代日本と朝鮮の基本問題』学生社、一九七四年 所収）
趙芝薫著『趙芝薫全集六』（一志社、一九七三年）
任東権著『한국민속문화（韓国民俗文化）』（集文堂、一九八九年）
任東権著『韓日民俗文化の比較研究』（岩田書院、二〇〇三年）
張籌根著『한국의 향토신앙（韓国の郷土信仰）』（乙由文化社、一九九八年）
張秉吉著『한국고유신앙연구（韓国固有信仰研究）』（東亜文化研究所、一九七〇年）

全浩天著『朝鮮からみた古代日本―古代朝・日関係史』（未来社、一九八九年）
鄭鎭弘著『한국종교문화전개（韓国宗教文化展開）』（集文堂、一九八六年）
J. F. Bierlein 著『세계의 유사신화（世界の類似神話）』현준만옮김（세종서적、一九九六年）
金昌均論文「延烏郎細烏女伝説의由来」（『新興』創刊号、一九二九年 所収）
김화경著『일본의 신화（日本の神話）』（문학과지성사、二〇〇二年）
金達寿著『古代朝鮮と日本文化―神々のふるさと―』（〈講談社学術文庫〉講談社、一九八六年）
金敬琢著『하느님観念発達史』（〈韓国文化史大系六宗教哲学史〉高麗大学校民族文化研究所、一九七〇年）
金洪喆他著『韓国宗教思想史』（延世大学校出版部、一九九二年）
金貞培論文「剣鏡玉과 古代의 文化와 社会」（『韓国古代의国家起源과形成』고려대출판부、一九八六年 所収）
金錬淑著『比較神話学的 見地에서 본 建国神話의 構造』（梨大大学院、一九七八年）
金思燁著『記紀万葉の朝鮮語』（六興出版、一九七九年）
金聖鐸著『開国神話에 関한 考察』（高大教育大学院、一九七五年）
金錫亨論文「三韓三国の日本列島内分国について」朴鐘鳴訳（井上秀雄・旗田巍編『古代日本と朝鮮の基本問題』学生社、一九七四年 所収）
金錫亨論文「天孫降臨神話を通じてみた駕洛人たちの日本列島への進出」朴鐘鳴訳（井上秀雄・旗田

巍編『古代日本と朝鮮の基本問題』学生社、一九七四年 所収）
金錫亨・千寛宇・林宗相他著『古代日本と朝鮮の基本問題』朴鐘鳴・長谷川宇美他訳（学生社、一九七四年）
金元龍著『韓国考古学概説』（一志社、一九七三年）
金烈圭著『韓国의 神話』（一潮閣、一九七七年）
金烈圭著『韓国神話の研究』泊勝美訳（学生社、一九七八年）
金烈圭・金泰坤・李相日他著『韓国の巫俗文化』（〈韓国文化撰集シリーズ〉박이정、一九九八年）
金載元著『檀君神話의 新研究』（正音社、一九四七年）
金庠基著『国史上에 나타난 建国説話의 検討』（建国大・学術誌五号、一九六四年）
金琫永著『神話로 본 韓民族의 太陽崇拝思想』（国語教育研究一号、一九七五年）
권태효著『한국 구전신화의 세계（韓国口伝神話の世界）』（지식산업사、二〇〇五年）
李重宰著『새高麗史』（明文堂、一九九五年）
李能和著『朝鮮巫俗考』（啓明具楽部、一九二七年）
李姸淑論文「延烏郎 細烏女説話에 대한一考察―韓日養桑交渉史的측면에서―」（『문창어문논집』〈부산〉문창어문학회、一九八六年 所収）
문재현訳『桓檀古記』（全三巻）（바로보인 출판사、二〇〇一年）
朴斗抱著『民族英雄東明王説話考』（曉星女大国文学研究一号、一九六八年）

朴湧植著『韓国説話의 原始宗教思想研究』（一志社、一九八四年）
서울대학교 종교문제 연구소編『신화와 역사（神話と歴史）』（ソウル大学出版部、二〇〇四年）
신화아카데미著『세계의 창조신화（世界の創造神話）』（동방미디어、二〇〇二年）
申来鉉著『朝鮮の神話と傳説』（一杉書店、一九四三年）
서정오著『（우리가 정말 알아야 할）우리 신화（我神話）』（현암사、二〇〇三年）
서의식・강봉룡著『뿌리깊은 한국사 샘이깊은 이야기—고조선・삼국—（朝鮮・三国）』（솔出版社、二〇〇二年）
서영대論文「신화속의 단군（神話の中の壇君）」（『한국사』〈시민강좌二七호〉일조각、二〇〇〇年 所収）
蘇在英論文「延烏郎 細烏女説話」（『韓国説話文学研究』（崇田大学校出版部、一九八四年 所収）
柳東植著『한국무교의 역사와 구조（韓国巫教の歴史と構造）』（延世大学校出版部、一九七五年）
柳東植著『風流道와 한국종교사상』（延世大学校出版部、一九九七年）
尹錫曉著『伽耶史』（民族文化社、一九九〇年）
尹以欽著『韓国宗教研究一・二』（집문당、一九九一年）

【辞典・事典】（韓国語辞典・事典を含む）—出版年代順

（日本語）

『新編 大言海』大槻文彦著（冨山房、一九五六年）

『ギリシア・ローマ神話辞典』高津春繁著（岩波書店、一九六〇年）
『神話伝説辞典』（東京堂出版、一九六三年）
『古語大辞典』中田祝夫他編集（小学館、一九八三年）
『神話・伝承事典』バーバラ・ウォーカー（Walker, Barabara G.）著、山下主一郎他訳（大修館書店、一九八八年）
『日本古代氏族人名辞典』坂本太郎・平野邦雄監修（吉川弘文館、一九九〇年）
『世界宗教大事典』山折哲雄編（平凡社、一九九一年）
『世界神話辞典』アーサー・コッテル（Arthur Cotterell）著、左近司祥子他訳（柏書房、一九九三年）
『世界シンボル大事典』金光仁三郎編（大修館書店、一九九六年）
『大英博物館 古代エジプト百科事典』内田杉彦訳（原書房、一九九七年）
『日本民俗宗教辞典』佐々木宏幹他監修（東京堂出版、一九九八年）
『中国神話伝説大事典』袁珂著、鈴木博訳（大修館書店、一九九九年）
『日本説話伝説大事典』志村有弘・諏訪春雄共編著（勉誠出版、二〇〇〇年）
『日本の神仏の辞典』大島建彦他編（大修館書店、二〇〇一年）
『世界神話大事典』イヴ・ボンヌフォワ編、金光仁三郎訳編（大集館書店、二〇〇一年）
『神道史大辞典』薗田稔他編（吉川弘文館、二〇〇四年）
『世界大百科事典（改訂版）』〈第一五巻〉加藤周一監修（平凡社、二〇〇五年）

（韓国語）

『새百科辭典』 동아출판사편집부편（동아출판사、一九六二년）

『완벽 國史大辭典』 理弘稙編（大榮出版社、一九七六年）

『韓國學大百科事典』 韓國學大百科事典編纂委員會編（乙酉文化社、一九九一年）

『한국종교문화사전（韓国宗教文化辞典）』 한국종교사회연구소편저（집문당、一九九一년）

『（한국）민족대사전（韓国民族大事典）』 한국민속사전편찬위원회엮음（민족문화사、一九九一년）

『韓國文化상징사전（象徵辞典）』 韓國文化象徵辞典編纂委員會編著（동아출판사、一九九四년）

『韓國民俗大觀』 高大民族文化研究所編（高麗大學校民族文化研究所、一九九五年）

『한국민족문화대백화사전（韓国民族文化大百科事典）』 한국민족문화대백화사전편찬편저（한국정신문화연구원、一九九六년）

『세계종교사전（世界宗教辞典）』 존 히넬스 엮음、장영길 옮김（까치글방펴냄、一九九九년）

『새로쓴 국사사전（新国史辞典）』 장경희・장성철편저（교문사、二〇〇三년）

『한국민속문화대사전（韓国民俗文化大事典）』 김용덕외공저（창솔、二〇〇四년）

『지명대사전（地名大辞典）』 연합뉴스편집부편（연합뉴스、二〇〇四년）

『세계신화사전（世界神話辞典）』 낸시 헤더웨이지음、신현승옮김（종로서적펴냄、二〇〇四년）

あとがき

本書は、二〇〇六年に学位を得た、桜美林大学の博士論文を中心に、その前後に発表したいくつかの論文もあわせて、一部を修正・補筆してあらたに書き下したものである。
とりわけ新羅の「娑蘇神母の説話」(二章5)は、博論のあと新しく研究した部分であるが、ここでは中国の崑崙山の女神、西王母を取りあげ、娑蘇との関係を推測した。多少、強引な関係づけと思われたが、本書はあくまでも歴史的な研究ではなく、神話の研究なので、それも許されると考えた。

本論において詳述したが、神話の主体や人物は、神話それ自身の内部でその神話が語られる歴史的環境の中で変容するのはふつうに見られる現象である。西王母にあってはそれがいちじるしい。『三国史記』や『三国遺事』の著者たちも、娑蘇伝承を書きとめながら、それにあえて自らの注釈を加え、さまざまな推測と解明を試みている。断片的にせよ娑蘇伝承があったのだから、それが西王母に結びつき、さらには娑蘇説話そのものが日本のアマテラスとの何らかの神話的関係をもつことを示唆しても、あながち無謀とは言えないであろう。

ともあれ、本書は天神・日神に関するささやかな韓日神話の比較研究である。これは一里塚であり、今後、読者諸賢の御批判を仰ぎながら、さらに研究をつづけていきたい。

本書の成るにあたっては、多くの方々の御支援をたまわりました。博論の指導をいただいた桜美林大学の倉澤幸久先生、久保田圭吾先生、故安宇植先生、故坂部恵先生、また立教大学の河東仁先生に心より感謝申しあげます。本書の出版を勧めてくださった東京都立大学名誉教授の南雲智先生、また本書の出版を引きうけてくださった論創社の森下紀夫社長に厚く御礼申し上げます。

二〇一八年　四月

延　恩　株

❖著者略歴
延 恩 株（ヨン・ウンジュ）

韓国ソウル特別市生まれ。桜美林大学大学院博士後期課程修了。学術博士。専攻は国際文化学、環太平洋地域文化、日韓比較文化、韓国語教育。2003年、桜美林大学、和泉短期大学非常勤講師を経て、2009年から桜美林大学専任講師。2013年、大妻女子大学准教授。著書は『韓国―近景・遠景』『速修韓国語 基本文法編』（いずれも『論創社』）『韓国単語カレンダー』（石田総業）を2009年～12年まで責任編集。共著に『スウェーデンボルグを読み解く』（春風社）『文化研究の新地平―グローバール時代の世界文化 第2巻』（はる書房）。主要論文は、「韓国のシャーマニズム―史的概観とムーダンの成巫過程」（『人体科学 第12巻1号』所収）、「儒教の宗教性に関する一考察―韓国と沖縄のシャーマニズムとの関連において」（『アジア文化研究 第10号』所収）、「新羅の日神信仰の一考察 ―延烏郎・細烏女説話を中心に―」（『アジア文化研究 第18号』所収）など。

韓国と日本の建国神話
――太陽の神と空の神

2018年10月15日　初版第1刷印刷
2018年10月20日　初版第1刷発行

著　者　延 恩 株
発行者　森下紀夫
発行所　論 創 社
東京都千代田区神田神保町 2-23　北井ビル（〒101-0051）
tel. 03（3264）5254　fax. 03（3264）5232　web. http://www.ronso.co.jp/
振替口座　00160-1-155266
装幀／宗利淳一
印刷・製本／中央精版印刷
ISBN978-4-8460-1765-1　